Traditional Italian Pasta Dishes

100 ITEMS MENU

PASTA

이탈리아 정통 파스타 요리

박정준 · 이광일

창지사

머리말

현대 사회는 인간의 다양성 추구와 더불어 독자적인 개인 가치관을 추구하는 현상을 보이고 있는 실정이다. 21세기 4차 산업 정보화 사회는 단순한 지식을 전달하는 관점에서 벗어나 모든 사람들이 보편적으로 가치 인식이 가능하고 공유할 수 있는 실용적인 지식을 필요로 하는 사회이다.

따라서 작지만 강한 파스타 레스토랑과 파스타 외식 기업은 다양한 인재 채용에 성패가 달려 있다고 할 수 있으며, 신비로운 트렌드가 있는 호텔 및 파스타 레스토랑이면 누구나 벤치마킹하기를 원한다. 레스토랑 영업 활동의 증거는 그곳의 매출 숫자를 보면 알 수 있다.

당신의 파스타 레스토랑 비즈니스를 최고의 레벨로 끌어 올리는 전략이 필요하다. 끊임없이 변화하는 글로벌 시대의 피할 수 없는 혁신 경쟁 세계에서 성장의 느림보들이 레스토랑 비즈니스에 뒤처지지 않고 앞서가는 그들을 따라잡을 수 있는 방법은 무엇일까?

이 책은 음식 성장 추진 프로세스의 구체적인 단계와 혁신적 역량 개발 방법을 안내하면서 파스타 레스토랑의 성장 잠재력을 최대한 발휘할 수 있도록 비즈니스 노하우를 알려 주는 지침서로 엮고 싶다. 특히 이 책은 파스타 레스토랑 오너나 호텔 레스토랑 총 주방장, 전문 주방장으로서 최고 경영자를 위한 경영 정보의 지식 충전소 역할을 할 것이다.

총 주방장은 최고 경영자로서 다양한 경영 지식과 이노베이션을 만나게 된다. 지속적으로 공부하는 전문인 및 직장인만이 창의적인 성장을 이룰 수 있다. 세계경영연구원에서 강조하는 CEO가 꼭 알아야 할 경영의 7가지 핵심 포인트는 창조 경영 방법, 가치 경영 방법, 소통 능력, 인재 개발 능력, 마케팅 능력, 위기 관리 능력, 재무·회계 관리 능력 등이다. 최고 경영자 과정에서 제시하고 있는 것을 우리는 꼭 명심해야 할 것이다.

파스타 레스토랑 비즈니스는 자기가 수용할 수 있는 핵심 역량을 찾아내고, 확장하고, 진화시켜야 한다. 요즘은 소비자 권력이 시장을 지배하고 주도하는 시대에 진입했다고 할 수 있다. 우리는 이 소비자 권력에 능동적으로 대비해 고객의 서비스 품질을 업그레이드해야 한다. 파스타 레스토랑 최고 관리자는 지속 가능한 경영 전략을 짜서 고객 권력 위험에 노출을 최소화해야 한다.

이 책은 저자가 호텔 현장에서 쌓은 전문 경험과 이론을 알기 쉽고 체계적으로 소개한다. 또 선진국의 외식 현장 사례 등을 통해 우리가 알아야 하는 다양한 상황들에 대처하는 지혜를 알려 준다. 이와 함께 파스타 요리에서 창의적 상상력을 발휘할 수 있도록 요리 사진 100여 개를 수록했다.

특급 호텔과 전문 레스토랑 관리 경영은 사회 구조적 현상 변화에 따라 항상 사업 구조 혁신, 조직 구조 혁신, 수익 구조 혁신, 기업 문화 혁신 등 혁신 과제를 제시하면서 식당을 관리·운영하는 방법론이 필요하다. 특급 호텔 및 파스타 전문 레스토랑 총 주방장, 주방장, 부문별 책임자, 오너 경영자들은 업무 수행이 힘들수록 더 많은 지혜를 배워야 한다는 기치 아래 내 가치의 브랜드를 높여 재도약의 밑천으로 삼아야 할 것이다. 이 모든 이야기들이 파스타 레스토랑 경영 관리의 디딤돌 역할을 하길 바란다.

마지막으로 이 책이 출판되기까지 물심양면으로 도움을 주신 창지사 사장님과 편집장님을 비롯한 모든 임직원에게 감사의 말을 전한다.

2018년 연구실에서

구담(拘譚) 박 정 준

이탈리아
Italy

Traditional Italian Pasta Dishes

CONTENTS

chapter 1

이탈리아 정통 파스타 요리의 이론적 배경

chapter 2

이탈리아 정통 파스타 요리 레시피 실제

(100가지 메뉴 레시피 아이템)

chapter 3

Pasta

Chapter 1

이탈리아 정통 파스타 요리의 이론적 배경

- 제1장 – 유럽 이탈리아 요리의 시초
- 제2장 – 파스타(Pasta)의 유래
- 제3장 – 올리브(Olive)의 역사적 배경
- 제4장 – 캐비아(Caviar)의 역사적 배경
- 제5장 – 이탈리아 요리 관련 유용한 정보

제1장

유럽 이탈리아 요리의 시초

1) 이탈리아 요리의 역사적 배경

프랑스 요리는 문예 부흥 발상지인 이탈리아 토스카나(Toscana) 지방 피렌체(Firenze)의 메디시스(Medicis) 왕가 공주가 프랑스 왕과 결혼하여 이탈리아 요리사들을 프랑스로 데려감으로써 체계를 갖추게 되었다. 따라서 요리가 발전된 것은 이미 주지된 사실이다. 이탈리아, 스페인, 포르투갈 이민자들과 소수의 독일, 스위스, 프랑스 이민자들이 거주하는 유럽 여러 나라들의 다양한 음식 맛과 멋을 직접 체험하고, 이탈리아, 스페인, 프랑스, 독일인들이 직접 매우 심혈을 기울여 쓴 훌륭한 요리책들을 보면 그 이유를 알 수 있을 것이다.

헨리(Henri) 2세의 아버지인 프랑수아(Francois) 1세는 대식가로 알려져 있다. 그는 특히 송아지 고기를 좋아했기 때문에 그를 위해 많은 양의 송아지 고기가 소비되었다고 한다. 그 시대의 대주교와 총재에게는 고래 고기가 높이 평가되어, 그해의 고기 중 챔피언이 되기도 했다고 하였다. 또한 암 당나귀의 젖이 왕의 약으로 이용되었고 5월에 갈아 놓은 마늘을 버터에 섞어 프랑수아 1세의 건강을 위해 사용하기도 하였다.

그가 18년 동안 프랑스를 통치할 때인 1533년 10월 20일 이탈리아의 공주 카트린느 드 메디시스(Catherine de Medicis)는 헨리 2세와 결혼을 발표하였다. 카트린느

(Catherine) 공주는 메디시스 가문의 총 대주교인 로랑(Laurant)의 딸로 태어나 엄격한 예절 교육을 받고 성장하였다. 12살 때 로마 교황에게 보내졌고 모든 사람의 사랑을 받게 되었다. 그녀의 모습은 강하게 느껴졌고 호감이 가는 정신과 사상은 품위가 있고 우아하여 부드럽고 애정이 넘쳐 흘렀다. 프랑수아 1세가 죽고 명실공히 프랑스의 여왕이 된다. 그녀는 이탈리아에서 프랑스로 올 때 많은 요리사와 제과사들을 데려가서 후에 귀족들과 함께 최고의 만찬을 나누었다.

카트린느 공주가 데려간 독창적이고 새로운 음식 맛을 수행한 요리사들은 프랑스 요리 발전에 큰 영향을 주었다. 라구(Ragout)로 만든 파이 요리, 가금류 커넬(Quenelles), 수탉의 볏 요리, 돼지나 송아지의 골이나 간을 이용한 요리들이 새로 나왔다. 또한 튀김, 굽기, 빵 써는 방법 등에 많은 변화가 있었으며, 속이 파인 아티초크에 잠두콩과 완두콩을 넣는 방법이 처음 소개되었다고 한다. 여왕은 강한 식욕의 소유자였으며 특히 아티초크를 좋아했다.

한편 요리 유행을 추종하는 프랑스 파리의 요리사들은 급격한 변화에 열광하고 제빵사 등 요리에 관련된 사람들은 베네치아(Venezia) 요리를 매우 인정하였다. 그렇게 파리의 사람들은 새로운 맛있는 과자를 접하게 되었고 그것은 크림 과자의 일종이었다. 특히 로마 황제 때 푸렌지페니(Frangipani)를 발명하는데, 이는 카트린느 공주가 평생의 사랑을 저당 잡히고 가져온 것이다. 이 시대에는 특히 버터가 비싸 요리할 때에는 돼지기름을 이용하였다. 남부 지방은 올리브 오일을 사용하였으며 북쪽 지방에서는 양귀비 기름을 사용하였고, 혹은 덜 비싼 호두 기름을 쓰기도 하였다.

치즈는 이 시대에 매우 높게 평가되었다. 파리의 길가에서는 브리에(Brie), 포트 밀라노 프로마주(Fort de milan Fromage), 프라이(Frai) 치즈 등이 상인들에 의해 팔렸다. 그 시대에 이탈리아의 그뤼에르(Gruyere) 치즈도 수입되었다. 또한 과일과 야채 등을 식초를 이용해 보관하는 방법이 개발되기도 하였다. 사람들은 이탈리아 요리를 알기 위해서 이탈리아 요리에 쓰이는 다양한 종류의 식재료들과 식생활 습관에 대해 관심을 갖기 시작하였다. 시행 착오와 실습을 거듭하면서 나름대로 이탈리아 음식 메뉴의 여러 가지 향신료들의 효능과 사용법을 터득하였다. 아마추어적이기는 하지만 동·서양의 기본적인 영양학적 상식과 체질론적 이론에 근거하여 요리들을 실용적으로 적용하기 위해 노력하였다.

이탈리아의 가정은 평범하며 집안에 들어가면 이탈리아 특유의 아름다운 고가구들이 센스 있게 가득 차 있는 것을 볼 수 있다. 또한 서양화들이 계단 벽면을 가득 채우고 있으며, 아이들의 건장한 체구와 활달함이 참으로 인상적이다. 이러한 이탈리아에서는 맛있는 스파게티 소스를 만들기 위해 토마토를 고르는 법이 있다. 한국과는 달리 외국은 수분이 적고, 섬유질이 많은 스파게티 소스용에 적합한 '포모도르 페리노(Pomodoro Perino)' 등 여러 가지 종류가 있다. 이 밖에 소스를 만들기 이전 토마토 관리법, 조리 과정 중 좋은 토마토 소스의 맛을 내기 위해 유의해야 할 점들, 조리 기구의 특징, 쇠고기 토마토 소스를 만들 때 가장 어울리는 고기 부위, 직접 반죽한 피자에 앤초비를 얹은 '피자 디 에시우게(Pizza di Acciughe)' 만드는 과정 등을 잘 볼 수 있다.

이탈리아 요리사들은 음식에 사용되는 허브들에 대해 별 관심 없이 습관적으로 사용을 한다. 하지만 다이어트, 개인적인 체질, 건강에 직접적인 영향력이 있는 다양한 효능의 허브를 알고 나면 그 폭 넓은 범위에 대해 놀라게 된다. 허브의 에센셜 오일을 이용한 다양한 활용법에 대해서도 전문가들의 저서들을 통하여 본 적이 있을 것이다. 이처럼 직접 허브를 키워 요리에 사용하고 허브 비네거, 허브를 넣은 올리브 오일들을 다양한 메뉴얼로 만들어 쓸 수 있게 된다면 진짜 이탈리아 요리사가 아닐까 생각한다.

2) 이탈리아 파스타 요리의 역사

이탈리아는 지중해에 위치한 반도 국가로 겨울에는 온난 다습하고 여름에는 고온 건조한 전형적인 지중해성 기후를 가지고 있다. 밀, 옥수수, 쌀, 감자, 포도, 올리브, 오렌지 등이 많이 생산되며, 이 중에서 쌀이나 밀 등의 주요 식량은 북부에서 생산되고 과일이나 올리브 등은 주로 남부에서 생산된다. 따라서 이탈리아 요리는 서민의 요리로 친숙한 멋이 들어 있다.

이탈리아 요리의 기원은 고대 로마 시대까지 거슬러 올라간다. 로마의 귀족들은 주로 육식을 위주로 한 식사를 했고 일반인들은 거의 굶주린 생활을 해야만 했다. 고대 그리스의 곡물들은 빵 제조에는 별로 적합하지 않아 물을 많이 넣고 끓인 옥수수 죽의 일종인 폴렌타(Polenta)를 만들어 먹었는데, 이 전통은 지금까지 이어지고 있다. 이탈리아에서는 아직도 폴렌타를 많이 먹는데, 슈퍼마켓에 가면 폴렌타를 만드는 가루를 밀가루처럼 포장해서 팔거나 인스턴트 폴렌타도 판매되고 있다. 또한 고대 그리스 시대에 이미 현재 우리가 먹는 빵과 같은 것이 아르토스(Artos)라는 이름으로 만들어졌다. 도시의 발달과 함께 빵은 가정뿐 아니라 전문점에서도 만들게 되었고 점차 일반인의 생존을 위한 주요한 식량으로 자리 잡게 되었다.

11세기에 접어들면서 이탈리아를 포함한 서유럽에서 농업 혁명이 시작되어 곡물들의 생산이 급증했고, 또 주민들의 경제 생활에서 수요자와 공급자의 역할이 구분되었다. 13세기 초에 이르면 점차 영양학적으로 충분한 양을 섭취할 수 있게 되었을 뿐 아니라 심지어는 폭식을 하는 경향마저 나타났다. 또한 음식의 새로운 맛을 추구하려는 시도가 활발해지면서 점차 향신료의 사용이 증가하였다. 14~15세기는 유럽의 다른 나라들에 비해 도시 문화가 가장 잘 발달한 르네상스 시대로, 이탈리아에서 음식을 대량으로 조리하여 도시민을 대상으로 판매하는 요리사 전문 음식점이 등장했다. 이러한 전문 음식점의 등장은 지배 계층과 서민층 간의 음식 문화가 상호 교차되는 공간을 마련하는 역할도 했다. 14세기 중반 이후 계속되는 경기 침체와 엄청난 사상자를 낸 흑사병, 그리고 금욕적인 생활을 강조하는 종교적인 영향으로 점차 대체 음식 문화가 등장하게 되었다. 그 결과, 과거에는 잘 이용하지 않았던 콩, 치즈, 달걀, 생선 등 다양한 식품들이 식탁에 오르게 되었다.

르네상스 시대 이후 근대로 접어드는 시기는 점차 상류층과 일반층의 음식 문화가 차별화에서 동질화되어 가는 시기라고 할 수 있다. 중세 후기의 지배 계층은 고유한 식생활 스타일과 영역을 형성함으로써 다른 계층과의 차별화를 위해 노력하였다. 단순히 음식을 먹는 것을 떠나 어떻게 먹을까에 대한 관심이 식탁에서의 음식 행동 요령으로 이어지게 되었다. 또한 숲이 점차 사라짐에 따라 야생류 고기 생산이 줄어들어 상대적으로 가치가 상승한 야생의 사슴이나 멧돼지 고기도 지배 계층이 선호하는 육류였다.

신대륙의 발견 이후 옥수수와 감자는 가난한 사람들의 주된 식량으로 자리 잡았고, 근대로 접어들면서 이탈리아는 음식 문화의 지역성 극복과 동질화를 이루게 되었는데 가장 큰 이유는 신공업화 시대와 그로 인한 도시화 형성이라고 할 수 있다. 이러한 도시 인구 집중 현상은 새로운 음식 문화의 획일화를 가져오게 했다.

로마 제국의 분열 이후 이탈리아는 여러 나라의 점령을 받으며 많은 나라의 영향을 받았는데, 이를 계기로 음식 문화도 각 지역마다 특유의 요리가 발달해 향토 요리가 생겨났다. 즉 밀라노(Milano), 베네치아(Venezia)를 중심으로 하는 북부 지방은 겨울이 길고 추운 기후로 인해 진한 맛의 요리가 발달했다. 또한 농업이 발달해 쌀이 풍부하며 버터, 크림, 치즈 등의 유제품도 풍부했다. 로마(Rome), 피렌체(Firenze)를 중심으로 하는 중부 지방은 북부나 남부의 요리가 혼합되어 소재나 맛이 다양하다. 시칠리아(Sicilia) 섬과 나폴리(Napoli)를 중심으로 하는 남부 지방은 올리브와 올리브유, 토마토나 건조 파스타, 모짜렐라 치즈 등이 유명하고 해산물이 풍부하여 이를 이용한 요리가 발달했다.

요리의 발달은 권력과 부를 상징하는 귀족들의 연회 행사로부터 시작되었다고 볼 수 있지만, 무엇보다 중요한 것은 생계를 유지하기 위한 목적으로 요리가 시작되었다는 것이다. 중세의 귀족들은 12가지 메뉴까지 먹은 기록이 있으며, 대 연회 시에는 30~40가지 요리를 먹기도 하였다. 헨리(Henri) 8세는 고기 등을 많이 먹고 괴혈병에 걸렸다고 한다. 그 당시 우유는 흔한 음식이었기 때문에 가난한 사람들은 오래 보관하여 먹을 수 있도록 치즈를 만들었으며, 쌀과 고기를 장기간 먹을 수 있도록 고안한 방법이 오늘날의 살라미(Salami) 등이다. 이탈리아 요리에 사용되던 이전 식재료들은 그 당시 하찮은 식재료들이었다. 보관을 위해서 만들었던 초절임, 과일과 야채(토마토) 등을 말려서 사용한 것이 오늘날의 선 드라이 토마토(Sundry tomato) 등이다.

이탈리아 요리는 궁중 요리에서 시작하여 1400~1500년에 요리 서적이 처음으로 출시되었다. 이 당시 이탈리아 요리는 유럽 요리를 이끌었다고 한다. 프랑스의 왕족 헨리

(Henri) 2세가 이탈리아 메디시스(Medicis) 왕가의 공주와 결혼하여 이탈리아 요리가 프랑스 요리의 기초가 되었다. 하지만 1600~1700년대 이탈리아 요리의 흐름은 프랑스 요리로 전환되기 시작하였다. 1800~1900년대는 이탈리아 요리와 프랑스 요리를 심플하게 조리한 과정이 주목할 만하다. 1471년 처음으로 요리 서적이 출간된 이후로 1600~1700년대에 다양한 소스들이 만들어졌다. 흰 소스, 마요네즈, 베샤멜(Bechamel) 소스 등은 프랑스 요리를 대중화시키는 기반이 되었다. 이때부터 돈을 낼 수 있는 사람들에게 요리를 판매할 수 있게 되었으며, 이를 계기로 이후 1800~1900년대에 전통 요리가 더욱 발전하게 되었다.

이 당시의 이탈리아 요리는 단순하면서 전통을 살리는 요리가 유행하기도 하였다. 1572년에 15개 단원으로 구성된 작자 미상(Anonimo)의 *Athenaei Dipnosophistarum sive coenae sapientium*(1572)이라는 요리책이 완성되기도 했는데 그 당시 매우 유명했다고 한다.

1960년대에는 폴 보스코(Paul Bosco)라는 사람이 음식 맛의 혁명을 주장한 대단한 요리사로 평가되고 있지만, 그의 기록은 지금은 자세히 알 수가 없다.

1700년대부터 새로운 식재료의 수입으로 요리의 새로운 변화가 시작된다. 이때부터의 요리는 혁명이라 할 수 있을 정도로 많은 발전을 가져 왔다. 감자와 옥수수, 마늘 등 다양한 식재료의 이용이 그것이다. 특히 카카오라는 식재료는 그리스에서 신들의 음식이라고 불릴 정도로 가치를 가졌다. 이 당시에 미국에서 수입된 칠면조나 공작을 먹기도 하였는데, 고기가 따뜻할 때 바로 제공해야 하는 것이 어려워 널리 보급되지는 못했다고 한다. 이러한 식재료는 이탈리아 피에몬테(Piemonte) 지방의 토리노(Torino)에서부터 시작되었다고 한다. 식재료가 들어온 시기를 살펴보면 다음과 같다.

- 1500~1600년대 : 독일의 주 식량인 감자가 들어왔다(30년 전쟁 때)
- 1700년대 : 토마토가 들어왔다. 이어 감자, 옥수수, 콩, 카카오, 칠면조, 공작 등이 들어왔다.
- 1900년대 : 피망이 들어왔다.

1900년대 피에몬테(Piemonte)에서는 *Cuoco Piemonte* (1766)이라는 원판을 찍어서 만든 작자 미상의 요리책이 발행되었다. 1766년 초판되어 1850년대까지 발행되었다. 이 시대에는 롬바르디아(Lombardia)와 베네토(Veneto)를 중심으로 중산층 계급을 위한 요리가 많이 발달하여 요리 계층이 국경처럼 느껴지기도 하였다. 이러한 메뉴들은 모두 풀코스(Full-course)로 포도주가 포함된 요리들이었다. 이 시대에도 서빙하는 사람들이 있었으며 주로 상에 음식을 차려 놓으면 하인이 나눠 주는 형태로, 식사 중간에 셔벗(Sherbet)을 담아서 제공하는 지금의 프랑스 스타일의 코스 요리였다. 이 당시에 발달된 요리의 특징은 모듬 튀김, 신선한 치즈, 아스파라거스, 돼지 안심, 양 안심, 베이비 슈와 빵가루를 입혀 튀긴 것, 꿩 요리, 야채 요리, 간 테린, 양파 말이 송아지 안심, 파이 등이 유행하였다. 또한 남은 음식을 재활용하는 요리 방법 등이 유행하기도 했다.

La scienza in cucina e l'arte di mangiar bene(1890)에는 690여 가지의 요리법이 소개되었는데, 70회의 재 수정판이 발행될 정도로 아주 인기가 있었다. 이 책은 리체타(Ricette)를 집에서 직접 요리해 보고 작성한 책으로, 프랑스 요리가 아닌 이탈리아 전통 요리법이 잘 반영되어 있다. 특히 690여 가지의 요리법과 함께 식재료 및 식기 등을 세척하는 방법까지 기술되어 있으며, 계절 음식, 야채의 중요성은 물론 남은 식재료의 재활용 방법까지 기술되어 있는 역사에 남을 만한 유명한 책이다.

새로운 식재료의 보급은 다양한 요리를 발전시키는데 꼭 필요한 요소이기도 했다. 계속되는 요리의 다양화로 폴렌타(Polenta), 라자냐(Lasagna) 등이 유행하였다. 폴렌타나 라자냐는 얇게 펴서 소를 채워서 먹기도 하였으며, 토르텔리니(Tortellini)는 처음에 모양을 크게 만들기 시작하여 작게 만드는 형태로 발전하기도 하였다. 오늘날에도 토르텔리니는 작은 모양이 인기를 얻고 있다.

또한 긴 스파게티가 나오기 시작한 것도 이때라고 볼 수 있는데, 베르미첼리(Vermiceli)라고 불리었다. 또 다른 부카토니(Bucatoni)도 생산되었으며, 짧게 만들어진 마카로니(Macaroni)도 이 당시에 만들어졌다. 그러나 1400~1500년대 문헌상에는 그 이전에도 계속 먹어 왔다고 언급하고는 있다. 또한 만두 형태의 면 종류는 모든 육수에 삶아서 먹었다고 한다. 특히 파스타는 햇볕에 말려서 2~3년 동안 보관이 가능하였다고 하며 작은 국수는 미네스트라(Minestra)라고 하였고 오늘날에도 계속해서 미네스트라를 만들 때는 작은 국수를 사용하고 있다. 긴 면과 스파게티는 고기, 향신료, 치즈와 함께 곁들여서 먹었다. 또한 설탕을 쳐서 달게 먹기도 하였는데, 이러한 이탈리아 요리는 최고급 요리에 속했다고 한다.

사르데냐(Sardegna)와 시칠리아(Sicilia)에서는 파스타를 수출했던 서류가 발견되어 국외로 파스타를 처음으로 수출했다고 볼 수 있다. 수출한 곳은 스페인 등이었다. 이 당시의 파스타 제조는 생산량이 적었고, 모두 수작업으로 생산되었다. 1600년대에 들어서며 점차 공장이 산업화되면서 파스타 반죽기가 등장하기 시작했다고 한다. 생산지는 나폴리(Napoli)에서 주로 생산되었는데, 건조 시기와 기후 조건이 가장 적합하였기 때문이다. 시칠리아 지방에서는 좁쌀 모양의 파스타인 쿠스쿠스(Cous Cous)도 나왔다고 한다. 현재는 남부 지방에서 즐겨 먹기도 하는데 주로 곁들임으로 나오거나 샐러드에 많이 나온다. 이때의 파스타 반죽은 한번에 20~50kg을 반죽했는데 책상처럼 생긴 나무에 손으로 막대기를 위 아래로 삽입하면 반죽이 되는데 다된 반죽은 밑으로 나왔다. 이곳에는 쇠로 된 구멍이 뚫어져 있었으며 삶아서 바로 건져 쟁반에 옮겨 말아서 건조시켰다고 한다. 바닷가 지역이나 고온 지방에서 생산해야 품질이 가장 좋았으며, 하루 종일 생산해도 100kg만 생산이 되었다.

르네상스 시대에는 파스타를 연질과 경질을 혼합해서 면을 만들었는데, 이때는 퍼진 상태의 면을 먹었고, 그 이후 경질 밀만을 사용해 제조한 면을 먹었다. 경질 밀을 사용한 것이 오늘날의 스파게티이며 잘 퍼지지 않는 것이 특징이다. 1800년대 후반에는 프랑스로 수출을 하기 시작하였다. 이 당시에는 프랑스 접경 지역에서 나오는 파스타가 가장 우수했으며, 독일은 이때부터 계란 스파게티를 처음 만들기 시작했다. 1차 세계대전 이후 1915년부터 가난한 사람들은 폴렌타를 많이 먹었고 부자는 파스타를 먹었다.

또한 리소토(Risotto)는 로마(Rome)에서 시작되었고, 그라파(Grappa)는 군대에서 제공하여 확산되었다고 한다. 파스타는 계속해서 다양한 제품이 쏟아져 나오며 발전하기 시작했다. 신선한 파스타에 소를 채운 것들이 나왔지만 보관상의 이유로 집에서만 만들었다고 한다. 만두가 1962년에 처음 판매되기 시작하였으며 진공 포장으로 40일 정도 보관이 가능하도록 생산되었다. 이 당시 미국 사람들은 파스타를 그냥 비닐봉지에 넣어서 판매하였다. 이는 파스타 진공 포장은 이탈리아가 먼저 시작했다는 말이기도 하다.

중세 시대부터 생 야채에 뿌려 먹는 소스가 등장했다. 앤초비는 스페인, 포르투갈에서 수입했다. 시간이 오래 걸려 염장을 하기 시작했으며, 올리브 오일 대신 호두 오일과 버터, 라드를 녹인 것을 사용했다. 소스가 발달하기 시작한 것이 다양한 파스타를 만들어 내는 기반이 되었다. 기름 소스로 앤초비에 마늘을 섞어 양배추와 생 야채를 담가 먹었다고 하며, 이 시기는 중세부터 시작되었다고 한다. 또한 이 같은 방법은 피에몬테(Piemonte) 지방에서 많이 사용하였다. 앤초비와 염장된 멸치 등이 유통되었으며, 현재는 고기 익힌 것을 야채 등과 먹기도 하고 샤부샤부처럼 담가 먹기도 한다. 또한 헨리 네슬레(Henry Nestle)라는 사람이 분유를 분류하여 만들기 시작했고, 다니엘 피터(Daniel Peter)는 자신의 딸이 좋아할 만한 달콤한 초콜릿을 만들고자 헨리와 실험을 거듭한 끝에 분유와 초콜릿을 섞어서 밀크 초콜릿을 개발했다.

이탈리아에서 쌀은 시칠리아(Sicilia) 평야 지역에서 재배되기 시작했다. 1250년대에는 치료를 목적으로 쌀을 먹기 시작했다. 피에몬테 지방에서는 쌀을 이 지역 밖으로 가지고 나가지 못하게 금지하기도 했다. 1800년대 중반에 운하가 생기면서 피에몬테, 롬바르디아(Lombardia)에서 활발하게 벼농사가 시작 되었다. 쌀 모양의 파스타인 리소(Riso)는 알렉산드로스 대왕(Alexandros the Great) 때 중동에서는 잘 먹지도 않았다고 한다. 이후 1000년경 사라센(Saracen)의 침략에 의해서 이탈리아로 오게 된다. 시칠리아 평야 지역에서 재배를 시작해 밀보다 수확량이 많아졌으며 롬바르디아 등 습도가 있는 지역에서 본격적으로 재배를 하기 시작하였다. 1252년경 환자식으로 처음 사용되었으며 1274년에는 왕가의 가계부에 쌀을 구입했다는 기록도 남아 있다. 전염병이 유행했을 때 쌀 재배가 금지된 적이 있기도 하다. 고여 있는 물 때문에 피에몬테 지방에서 생산되는 쌀을 밖으로 가져가는 것을 금지한 적이 있기도 하다.

3) 이탈리아 지방 음식의 특성

(1) 피렌체

피렌체는 이탈리아 중부 토스카나(Toscana) 주의 주도로, 담백한 음식 맛을 가지고 있으며 올리브 오일과 시금치, 포도주 키안티(Chianti)가 유명하다.

(2) 나폴리

이탈리아 남부의 중심 도시로 연중 온난하여 오렌지·올리브·토마토 등의 과일이 다량 산출되며 올리브 오일과 마늘을 음식에 많이 사용한다. 피자와 파스타가 발생된 곳으로 나폴리 피자는 도우가 얇고 토마토와 치즈, 약간의 향신료 허브만을 이용하여 토핑해 매우 간단하고 맛이 담백하다. 바다와 인접해 있으므로 해산물 식재료 및 요리가 아주 발달하였다.

(3) 시칠리아

지중해 최대의 섬으로 참치나 정어리, 어패류, 갑각류 등 풍부한 해산물을 원료로 한 음식이 발달하였으며 돼지고기, 어린 염소와 양고기 요리를 많이 해 먹는다.

(4) 베네치아

이탈리아 북동부의 중심 도시로 생선과 갑각류 요리가 발달하였으며 마늘과 양파, 허브 등의 향신료를 음식에 많이 사용한다.

(5) 밀라노

이탈리아 북동부의 중심 도시이며 이탈리아 수도로 낙농업이 발달하여 생크림과 버터의 사용이 많고 치즈도 많이 생산된다. 특히 쌀 생산량이 많아 쌀 음식이 발달하였다.

4) 이탈리아 식사 코스(정찬 코스) 대표 요리

(1) 아페리티보(Aperitivo ; 식전 요리/식전 주)

결혼식과 같은 큰 행사 때 주로 먹는 요리이며, 전채 요리 전에 나온다. 스탠딩 형식으로 서서 와인(식전 주)과 함께 먹는 것이다. 음식에는 브루스케타(Bruschetta), 올리브 알 아스콜라나(Olive al Ascolana), 포카차(Focaccia) 등이 있다. 와인은 스파클링 와인이나 스푸만테(Spumante) 등을 마신다.

(2) 안티파스토(Antipasto ; 애피타이저, 전채 요리)

안티파스토 프레도(Antipasto freddo ; 냉 전채)로는 연어 요리나 지중해식 참치 요리, 아스티식 고기회인 카르파초(Carpaccio)를 즐겨 먹는다. 안티파스토 칼도(Antipasto caldo ; 온 전채)는 더운 전채 요리를 말한다.

(3) 프리모 피아토(Primo-Piatto ; 첫 번째 요리)

① 면류(Pasta)

건면(Pasta Secche)과 생면(Pasta Fresh)이 있으며, 지역에 따라 낮 메뉴로는 착색된 파스타나 소가 든 파스타를 먹고 저녁 메뉴로는 수프 종류를 대체로 먹는다.

② 뇨키(Gnocchi)

떡이라는 뜻의 의미로, 감자나 치즈를 이용해 반죽을 만들어 삶아 먹는 한국의 수제비 형태의 요리이다. 버터와 육수 등에 볶아 치즈를 곁들여 먹는다.

③ 리소토(Risotto)

쌀을 이용한 음식으로 야채, 버섯, 고기, 생선을 함께 볶아 먹는 요리다. 완전히 퍼질 정도로 호화시키는 것이 아니라, 쌀을 입에서 씹을 수 있을 정도의 식감으로 요리한다.

④ 피자(Pizza)

밀가루 반죽 위에 토마토 소스와 야채, 해산물, 치즈 등을 얹어 구워 내는 빵 형태의 요리로 1인당 1개의 피자를 먹는다. 그러기 위해선 피자 토핑을 작게 하고, 식재료의 수가 3~4가지 정도만 넣고 만든다. 특히 후레쉬 모짜렐라 치즈를 이용하기 때문에 수분이 많고 얇고 바삭한 것이 특징이다.

⑤ 주파(Zuppa)

국물이 거의 없는 상태의 수프로, 미네스트라(Minestra ; 맑은 수프)와 미네스트로네(Minestrone ; 찌개처럼 국물이 적은 형태의 수프) 2가지 종류가 있다. 서양식 수프로 우리에게 잘 알려진 미네스트롱(Minestrong)도 여기에 속하며, 걸쭉한 형태로 주로 파스타를 많이 넣어 끓인 수프이다.

(4) 세콘도 피아토(Secondo-Piatto ; 주 요리 / 두 번째 요리)

생선이나 송아지 고기, 양고기, 야생 고기(멧돼지, 꿩, 산비둘기, 토끼 고기), 조류 등을 두 번째 요리로 먹는다. 돼지고기와 닭 요리는 주로 집에서 해 먹으며 주 요리는 익힌 야채나 생 야채를 곁들여서 먹으므로 샐러드는 주 요리를 먹을 때 포함된다고 보면 된다.

(5) 치즈(Cheese)

여러 가지 치즈를 다양하게 먹는 이탈리아인들은 기호나 취향에 맞게 치즈를 즐긴다. 경질 치즈에 속하는 파르메산(Parmesan) 치즈나 그라나 파다노(Grana Padano)를 밀가루 반죽을 입혀 튀겨 먹기도 하는데, 이것은 식전 음식(Aperitivo)으로 이용된다. 디저트로 먹는 치즈는 연질이나 연경질 등이 잘 어울리며, 특히 곰팡이 치즈로 유명한 고르곤졸라(Gorgonzola), 아시아고(Asiago) 치즈 등을 많이 먹는다.

(6) 돌체(Dolce ; 디저트)

아이스크림이나 과일 등 다양한 종류가 있는데, 가장 유명한 디저트는 '티라미수(Tiramisu)'로 알려져 있으며 현지에서도 티라미수와 생크림으로 만든 판나 코타(Panna cotta) 등이 가장 흔하다. 귀족적인 사람들은 주로 아이스크림인 젤라토(Gelato) 위에 생과일을 얹어 먹기도 한다.

(7) 페이스트리(Pasticceria ; 단 과자)

보통 만들어 먹거나, 구입하여 입맛에 맞게 요리를 해서 먹는 종류의 단 과자이다. 이탈리아의 제과 판매점에서 다양한 상품들이 입맛을 충족시켜 주기 때문에 지금은 구입해서 먹는 사람이 많다.

(8) 리귀오레(Liquore ; 식후 주), 카페(Caffe, Espresso)

식사 후 독하게 먹는 식후 주로 그라파(Grappa)나 아모르(Amoro), 레몬 맛이 강한 독한 술 리몬첼로(Limoncello) 등을 주로 마신다. 술의 도수는 대략 25~80도에 이른다. 이탈리아인들은 식후 주뿐만 아니라 커피도 독하게 먹는 편이다. 아주 강한 향과 맛을 즐기는 커피가 바로 에스프레소(Espresso)이다. 소주잔 정도 크기의 잔에 진한 커피를 1/2 정도만 뽑아 먹는데 맛과 향이 무척 강하고 진하다.

5) 이탈리아의 식사 예절

① 손의 청결에 주의한다. 감자튀김이나 뼈를 빼지 않은 고기, 빵 등은 손으로 먹기 때문에 손의 청결에 주의해야 한다.

② 식사 도중 식탁에서 손을 식탁 밑으로 내리지 않으며 팔꿈치를 식탁 위에 올려 놓지 않는다.

③ 공동의 큰 접시에 담겨져 나온 음식에서 원하는 부위를 고르기 위해 뒤적거리며 가져오는 것은 큰 실례이다.

④ 이탈리아는 기본적으로 식탁에 올리브 오일과 소금이 놓여 있다. 필요할 때 본인이 직접 가져다 먹는 것이 예의 있는 행동이다. 옆 사람에게 달라고 하지 않는다.

⑤ 샐러드는 반드시 각자의 접시에 덜어서 소스를 첨가하여 먹는다. 각자의 소스에 대한 취향을 존중해 주기 때문이다. 소스가 안 나오는 경우에는 식탁 위에 놓여 있는 올리브 오일과 소금, 후추 등을 자기 입맛에 맞게 넣어 먹는다.

⑥ 식탁이나 식탁을 떠나서도 트림을 하는 것은 예의에 크게 어긋난다.

▶ 피자의 유래

피자(Pizza)는 고대 이탈리아어의 'a point'라는 단어에서 유래되었는데 그 후 'pizziare' 즉 '끼워서 조이다, 집어 으깨다.'라는 의미의 말로 진화되었다.

이 단어가 처음으로 나타난 것은 BC 1000년경 나폴리 지방의 사투리에서였다. 오늘날 피자의 생성 기원이 이탈리아인들이라고 많은 사람들이 알고 있지만, 피자는 실제로 에트루리아인(이탈리아 중서부의 고대 국가 주민)과 그리스 문화에서 유래되었다. 소수의 아시아인으로부터 에트루리아인들은 빵을 구워 냈는데, 구워 낸 빵 표면에 여러 가지를 올려놓아 장식을 해서 접시에 담아 냈다. 그 후, 그리스인들이 남부 이탈리아를 식민지화했을 때, 그들은 에트루리아인들이 하는 것을 보고 빵 위에 여러 가지 토핑을 올려서 구웠는데 이러한 형태가 피자를 만드는 주된 과정이 되었다.

그러나 실제로 피자를 알려지게 한 것은 대제국을 건설했던 로마인들이었다. 그들이 이탈리아는 물론 그들의 지배 아래에 있던 모든 지역에 이러한 피자를 널리 알렸다. 이탈리아에서 미국으로 이주해 온 사람들의 빵 가게들이 불황을 겪는 동안 오븐을 빌려서 토핑된 빵을 팔았는데 팔고 남은 빵들을 배고픈 아이들에게 토마토와 함께 주었다. 궁극적으로 이 이탈리아에서 이민 온 사람들이 밀가루 반죽에 토마토 퓨레, 오레가노(향신료), 갈아 놓은 치즈 가루를 토핑한 빵을 만들어 피자의 직접적인 상품화를 할 수 있었다. 그리고 1905년 롬바르디(Lombardi)에 의해 뉴욕에서 첫 피자집이 오픈되었다.

제 2 장

파스타(Pasta)의 유래

파스타는 물과 밀가루를 사용하여 만드는 이탈리아 요리로, 피자와 함께 이탈리아를 대표하는 음식이자 이탈리아 사람들의 주식이다. 기원전 3000년경 중국에서 처음 만들어졌고 1295년경 마르코 폴로(Marco Polo)가 이탈리아로 들여왔다고 전해진다.

그 밖에 밀가루 반죽을 먹기 쉽도록 잘라서 굽다가 점차 발전하였다거나, 그리스 신화의 대장간 신인 헤파이스토스(Hephaestos)가 파스타 만드는 기구를 발명하였다거나, 기원전 5000년경 이탈리아 중서부의 고대 국가인 에트루리아인이 만들어 먹었다는 등 여러 가지 역사적 설이 있다.

이탈리아에는 대략 11세기에 소개된 것으로 추정되는데, 이후 도시 간 무역에서 중요한 상품으로 거래되었다고 한다. 특히 캄파니아(Campania) 주의 나폴리(Napoli)에서는 건조한 기후와 소맥 재배를 하고 있던 여건 때문에 건조된 파스타 면의 대량 생산이 가능하였으며, 양배추와 고기로 만든 전통 소스 대신 치즈로 양념을 만들기 시작하였다. 1830년경에는 미국으로부터 토마토가 수입되면서 더욱 다양한 양념과 조리법을 갖추게 되었다.

파스타의 종류는 재료에 따라 150여 가지, 면의 형태에 따라 600여 가지가 넘을 정도로 매우 다양한데, 우선 면이 젖은 상태인 생 파스타와 마른 상태인 건조 파스타로 나눌 수 있다. 가정에서는 보통 건조 파스타 면을 사서 이용하지만, 집에서 직접 반죽하여 생 파스타 면을 만들 수도 있다. 파스타의 진정한 맛을 전달하려면 소스와 파스타의 종류를 서로 잘 조합해야 한다.

파스타는 면의 형태에 따라 크게 롱 파스타, 쇼트 파스타로 나눌 수 있다. 롱 파스타에는 스타게티(Spaghetti), 링귀네(Linguine), 페델리니(Fedelini), 카펠리니(Capellini), 타그리아텔레(Taglietelle), 라자냐(Lasagna) 등이 있으며, 쇼트 파스타에는 리가토니(Rigatoni), 펜네(Penne), 로텔레(Rotelle), 푸실리(Fusilli), 마카로니(Macaroni), 파르펠레(Farfalle) 등이 있다.

파스타의 주재료는 듀럼(Durum)이라는 밀을 빻은 세몰리나(Semolina)인데, 입자가 거칠고 딱딱하다. 소스는 생선, 해산물, 육류, 달걀, 치즈, 야채, 올리브유, 버터, 생크림 등 어떤 재료로도 만들 수 있으며, 이탈리아에서는 다양한 파스타에 특정 소스를 만들어서 특유의 맛을 내는 요리 전통이 이어져 오고 있다. 대표적으로 볼로냐(Bologna), 카르보나라(Carbonara), 봉골레(Vongole), 알리오 에 올리오(Aglio e olio), 아라비아타(Arrabbiata), 나폴리타나(Napolitano), 프루티 디 마레(Frutti di Mare), 시칠리아나(Siciliana), 페스토(Pesto) 등이 있다.

파스타를 만드는 방법은 우선 냄비에 파스타 10배 정도의 물을 붓고 끓이는데, 보통 파스타 100g당 1L의 물이 적당하다. 물이 끓기 시작하면 굵은 소금 1Ts 정도를 넣어야 면이 속까지 익는다. 물이 끓으면 파스타 면을 냄비 둘레에 부채꼴 모양으로 돌리면서 넣고, 중간에 면이 서로 달라 붙지 않게 휘저어 준다. 보통 10~12분 정도 삶은 다음 면을 건져 물기를 빼고 소스에 버무린다. 보통 남자들이 자기만의 라면 끓이는 비법을 갖고 있듯이 요리하기 좋아하는 남자들은 하나같이 자신만의 파스타 레시피를 갖고 있다. 손쉽게 만들 수 있고, 웬만해선 실패하지 않으며, 멋진 그릇에 담아내면 폼이 나고, 웬만한 여자들은 대부분 파스타를 좋아하기 때문이다.

1) 파스타 마니아들의 파스타 이야기

(1) 요리사 스스무 요나구니 주방장의 사례 "파스타는 심플할수록 지루하지 않은 맛이다."

일본인이며 영국에서 우연히 요리를 배웠고, 뉴욕의 여러 고급 레스토랑에서 20년간 일한 요리사 스스무 요나구니 씨는 한국에서 푸드 스타일리스트인 부인과 함께 요리아카데미에서 학생들을 가르친다. 베테랑 셰프는 어떤 파스타를 좋아할까?

"아방가르드 퀴진을 매일 먹을 수 있을까요? 매일 먹을 수 있는 음식이 최고의 음식이지요. 파스타를 밥이라고 생각하면 돼요. 심플하면 심플할수록 지루해지지 않아요. 파스타는 탄수화물로 이루어진 데다 만들기 간단하고 한 접시에 담아 먹을 수 있으니까 점심으로 아주 좋아요."

파스타 요리는 누구나 만들 수 있는 정말 쉬운 요리다. 콜리플라워와 파스타, 올리브오일, 마늘, 고추만 있으면 된다. 콜리플라워 대신 브로콜리, 아스파라거스, 피망 등 무엇이든 상관이 없다. 여러 채소를 섞어 넣어도 괜찮지만 종류가 많다고 해서 더 맛있는 것은 절대로 아니다. 오히려 한 가지만 사용하는 것이 채소 자체의 맛을 더욱 강하게 느낄 수 있어 좋다. 조리 포인트는 채소에 올리브 오일을 두르고 천천히 볶는 것이다. 브로콜리나 아스파라거스를 삶아서 만들면 물기 때문에 맛이 없다. 날 채소를 15분 정도 천천히, 느리게 볶아야 고소한 맛이 난다. 볶은 채소를 다른 그릇에 옮겨 놓고 그 팬에 마늘과 고추를 역시 천천히 볶아서 고추기름을 만든 뒤, 삶은 파스타를 넣으면 완성이다. 여기에 레몬으로 향기를 더해 준다.

"이것이 토스카나(Toscana) 스타일의 파스타입니다. 토스카나 음식은 아주 심플한 요리가 많지요. 간단하면서도 깊은 맛이 나요. 조개를 넣고 만드는 봉골레도 있어요. 마늘과 고추에 올리브 오일을 두르고 볶다가 조개와 화이트 와인을 넣어 완성하는 요리이지요. 그런데 여기서 조개를 넣는 과정은 그리 중요하지 않아요. 마늘과 고추에 올리브 오일을 넣고 천천히 볶으면서 고추기름을 만드는 과정이 훨씬 더 중요하지요. 이것은 파스타의 기본 중 기본이에요. 이 방식을 제대로 익히면 세상 모든 파스타의 50%는 잘 만들 수 있어요."

다음은 그가 추천하는 파스타 요리이다.

토스카나 스타일의 콜리플라워 파스타

준비 재료(2인분)

- 링귀네 180g
- 저민 마늘 2쪽
- 콜리플라워 1/2개
- 파르메산 치즈 간 것 약간
- 레드 페퍼 플레이크 1/4ts
- 엑스트라 버진 올리브 오일 20ml
- 레몬 1개
- 파슬리 약간
- 소금·후추 약간

조리 방법

① 냄비에 충분한 양의 물과 약간의 소금을 넣고 끓인다.

② 콜리플라워는 적당한 크기로 자른 뒤 팬에 올리브 오일을 두르고 약한 불에서 천천히 볶아 둔다. 콜리플라워가 부드러워질 때까지 10분 정도 볶는다.

③ 물이 끓으면 링귀네를 넣고 삶는다.

④ 팬에 올리브 오일을 두르고 저민 마늘과 레드 페퍼 플레이크를 약한 불에서 익을 때까지 볶는다. 그리고 링귀네를 넣어 맛을 낸다.

(2) 그랜드 하얏트호텔 서울 F&B 부장의 사례 "파스타와 토마토, 미역의 절묘한 요리 궁합"

"파스타는 1,000 : 100 : 10의 법칙이지요."

무슨 소린가 하니 물 1,000, 파스타 100, 소금 10의 비율로 스파게티를 10분 삶아야 알 덴테(Al dente)로 되어 가장 맛있는 상태가 된다는 이야기다. 특급 호텔에서 식음료 분야를 관리하는 만큼 어깨너머 배운 솜씨가 수준급이고, 책과 경험을 통해 익힌 지식의 양은 더더욱 상당한 수준이다. 그보다 더 중요한 건 그의 지갑 속 세계미식가협회 회원증이 말해주듯 맛을 즐긴다는 점이다. 1980년대 후반부터 이탈리아의 시칠리아(Sicilia), 나폴리(Napoli), 로마(Rome), 베네치아(Venezia), 피렌체(Firenze), 제노바(Genova) 등을 수차례 여행하며 그곳에서 먹어 봤던 파스타의 맛은 기억 창고 저 안쪽에 차곡차곡 저장되어 있다. 특히 나폴리와 로마에서 많이 접했던 토마토 소스와 파스타의 맛은 잊을 수가 없다.

"이탈리언 음식점에 가서 생선이나 스테이크를 먹는 건 실례라고 생각할 정도로 파스타를 좋아합니다. 파스타가 주 요리는 아니지만 우리나라에서 파스타는 전문점이 많아 메인으로 즐겨 먹습니다. 나중에 호텔을 그만두면 수프 & 샐러드 레스토랑을 열고 싶어요. 간단한 파스타도 먹을 수 있는 곳이면 더욱 좋지요. 이 파스타 요리는 멋진 레스토랑에서 내놓을 시크릿 레시피이지요."

그가 애용하는 재료는 토마토와 미역이다. 항암 효과가 입증된 토마토는 좀 익숙하지만 미역은 좀 생소하다.

"우리나라에서는 미역을 많이 먹고 사람들이 좋아해요. 마른 미역은 가정에서 매 계절마다 갖고 있는 식재료이지요. 특히 여성들의 골다공증에 좋은 건강식품이고요. 그래서 제가 파스타에 미역을 넣어 봤지요. 미역 파스타도 별미 요리 중 하나예요. 토마토 소스도 생 토마토와 토마토케첩을 조금만 이용하면 간편하게 만들 수 있어요."

먹어 보니 처음에는 토마토의 상큼함이 혀를 감싸고, 면을 씹어 넘기고 나면 우동 국물의 개운한 미역 향이 입안에 남는다. 어디서도 맛보지 못했지만 신기하게도 두 가지 맛이 절묘하게 어우러진다.

다음은 그가 좋아하는 파스타 요리이다.

미역과 해산물을 넣은 토마토 소스 타그리아텔레 파스타

준비 재료

- 타그리아텔레 150g
- 껍질 벗긴 썬 토마토 120g
- 껍질 벗긴 체리 토마토 90g
- 토마토케첩 90g
- 불린 미역 30g
- 해산물(새우, 조개 등) 적당량
- 다진 마늘 3g
- 다진 양파 6g
- 저민 버섯 30g
- 채 썬 바질 약간
- 화이트 와인·생크림 각각 1Ts
- 올리브 오일 2/3Ts

조리 방법

① 물에 소금과 올리브 오일을 약간 넣어 끓이다가 파스타를 넣는다. 8분 정도 삶아 면이 적당히 익으면 체에 밭쳐 물기를 뺀다.

② 뜨겁게 달군 팬에 해산물을 넣고 금빛의 갈색이 될 때까지 굽는다.

③ 팬에 올리브 오일을 두르고 다진 마늘, 양파, 버섯을 갈색이 될 때까지 굽는다.

④ ③에 화이트 와인과 생크림을 넣고 반으로 줄 때까지 졸인 뒤 토마토케첩과 토마토, 체리 토마토를 넣어 익힌다.

⑤ ④와 ②에 잘게 썬 미역을 넣어 고루 섞은 뒤 삶은 파스타를 넣고 소금으로 간한다.

⑥ 잘게 채 썬 바질을 뿌려 낸다.

(3) 전문 파스타 레스토랑 오너의 파스타 요리 사례 “기름기 없고 맛이 담백한 서머 스파게티 추천”

요리 잘하기로 소문난 남자 디자이너가 파스타를 좋아하는 이유는 이랬다.

“파스타는 즐거움이예요. 일단 형형색색인 수십 가지 파스타의 비주얼도 즐겁고, 돌돌돌 말아 먹을 때도 즐겁지요. 재료와 양념을 내 맘대로 풍부하게 베리에이션 할 수 있어 즐겁고요. 한 접시에 담아 여럿이 나누어 먹어도 찌개 한 냄비를 함께 떠먹는 음식과는 다른 느낌이지요.”

그는 사람들과 어울려 맛있는 음식 먹기와 좋아하는 이들을 위해 요리하는 모습을 보여주기 위해 강남에 레스토랑을 오픈했다. 그곳 매니저에게 배운 이 스파게티는 예전에 신라호텔에서 인기 많았던 서머 파스타란 것이다. 일반적인 토마토 소스는 수프처럼 따뜻하게 끓이지만, 이 마리네이드 소스는 생 토마토와 허브로 만든 뒤 냉장고에서 두 시간 이상 숙성시킨 다음 면 위에 차게 얹어 내는 것이라 샐러드처럼 신선하고 깔끔하다. 파스타는 느끼하다고 생각하는 토종 입맛에도 거부감이 없을 것 같은 맛이다.

“기름기 없고 맛이 담백해서 부담 없이 먹을 수 있어요. 바게트를 곁들여 특히 아침 식사로 먹기에 적당합니다. 바게트에 마리네이드를 얹으면 오픈 샌드위치인 브루스케타가 되고요. 서머 스파게티 요리는 심심한 맛에 먹는 거지만 짭짤한 앤초비가 맛의 풍미를 더해 주는 매력도 있어요.”

이처럼 아침에 담백하게 먹을 수 있는 파스타가 있는가 하면, 반대로 눈물나게 매운 파스타도 있다. 기본은 역시 토마토 소스인데, 여기에 청양 고추를 넣어 결정적인 매운맛을 내는 것이다. 토마토 소스를 만들 때 마늘을 많이 넣어서인지 주변 사람들(특히 매운맛 좋아하는 여성들) 모두가 맛있다고 말하는 대표 메뉴다. 입안에서 바로 매운맛이 나는 것이 아니라 먹고 난 후 배 속 저 밑에서 밀려오는 청양 고추 특유의 매운맛은 가히 중독성이 있다. 이 매운맛의 매력을 느껴보고 싶다면 파스타 전문 레스토랑에 가서 메뉴판에 하나 밖에 없는 파스타를 주문하면 된다.

다음은 그가 추천하는 파스타 요리이다.

멕시칸 스타일의 서머 스파게티

준비 재료(4인분)

- 스파게티 360g
- 토마토 1kg
- 엑스트라 버진 올리브 오일 6Ts
- 생 오레가노 1/2ts
- 마늘 2쪽
- 생 바질, 생 파슬리, 블랙 올리브 각각 2ts
- 설탕 1Ts
- 소금·후추 약간

조리 방법

① 토마토는 끓는 물에 살짝 데쳐 껍질을 벗기고 씨를 뺀 뒤 작게 깍둑썰기를 한다.

② 오레가노, 바질, 파슬리, 블랙 올리브, 마늘을 모두 다진다.

③ ①과 ②를 전부 섞어 올리브 오일과 설탕, 소금, 후추로 마리네이드 한다. 냉장고에서 두 시간 이상 재운 뒤 사용하면 더욱 맛이 좋다.

④ 끓는 물에 소금을 넣고 스파게티를 삶은 뒤 채에 밭쳐 올리브 오일을 약간 넣고 흔들어 달라붙지 않게 식힌다.

⑤ 스파게티에 토마토 마리네이드를 얹어 낸다. 기호에 따라 앤초비를 곁들여도 좋다.

(4) 전문 주방장 유학생의 파스타 요리 사례 "간단히 만들 수 있는 맛있는 푸실리 파스타"

영국으로 요리 유학을 준비 중인 A씨. 현재 요리 스튜디오 '푸드' 소속인 그는 얼마 전 요리책을 낸 유명한 개그맨의 요리 선생님이기도 하다. 그가 즐겨 만드는 파스타에는 건더기가 없다. 이렇게 소스에만 버무려 별다른 노력 없이 만든 파스타가 사람들에게는 인기 만점이다. 특히 젊은 여성들에게 만들어 주면 호의적 반응을 100% 확신할 수 있을 정도다. 스튜디오에서 함께 일하는 3명의 동료에게도 후한 점수를 받은 메뉴이다.

"한식은 매일 먹는 음식이고, 중식은 자주 접할 수 있는 음식들이잖아요. 그런데 이 파스타는 만들어서 접시에 풍성하게 담아 내면 일단 첫눈에 새롭게 보여 호감도가 쭉 올라가지요. 많이 안 먹어봐서인지 일단 사람들이 신기해해요. 이 파스타는 싫어하는 사람이 거의 없고 만들었을 때 실패할 확률이 적기 때문에 다른 사람에게 만들어 주기에 안전한 메뉴이지요. 올리브 오일만 좋으면 파스타가 무척 맛있거든요. 재료비도 적게 들고요. 요리 좀 한다는 남자들은 그래서 자기만의 파스타가 있어요."

이 파스타 요리를 처음 맛본 것은 2006년 이탈리아 토리노 동계올림픽 때 조리사로 일하러 갔을 때였다. 전 세계에서 온 삼성의 외국인 VIP들에게 식사를 뷔페로 대접하는데, 그는 한식 파트를 맡았다.

"주방에서 일을 하다 보니 현지의 이탈리아 요리사들과 자연스럽게 친해졌어요. 그중 한명이 제일 빠르고 손쉽게 만들 수 있는 것이 파스타라면서 냉장고에서 소스를 꺼내 쓱쓱 버무려 주었는데, 의외로 너무 맛있더라고요."

부재료 없이 바질 페스토만 들어가니까 파스타의 양을 조금 많이 하는 게 조리 포인트다. 그리고 소스가 안쪽까지 잘 배어들 수 있도록 나사처럼 생긴 파스타 푸실리(Fusilli)를 사용하는 게 좋다. 바질 페스토만 만들어서 냉장고에 넣어 두면 갑작스럽게 누가 찾아왔을 때도 파스타만 삶아서 재빠르게 만들어 낼 수 있다. 바질의 신선한 향과 구운 잣의 고소한 맛이 군더더기 없이 잘 어우러진다.

"오늘 생 바질 구하기가 어려웠어요. 요즘 생 바질이 잘 안나오는 때라네요. 그래서 생각한 건데, 바질 대신 크레송이나 쿠콜라를 사용해도 괜찮을 것 같아요. 페스토는 6개월 정도 냉장고에 보관할 수 있어요."

다음은 그가 추천하는 파스타 요리이다.

바질 페스토 푸실리 파스타

준비 재료(4인분)

- 푸실리 200g
- 소금, 올리브 오일 각각 1Ts
- 바질 페스토(바질 40g, 마늘 2쪽, 파르메산 치즈 가루 40g, 잣 80g, 엑스트라 버진 올리브 오일 1/2컵, 고운 소금 1ts, 후추 약간)

조리 방법

① 냄비에 물을 넉넉히 담아 끓이다가 소금과 푸실리를 넣고 삶는다. 파스타마다 포장지에 삶는 시간이 표시되어 있으므로 참조한다.

② 잣은 프라이팬에 넣고 타지 않게 계속 흔들어 가며 갈색이 나도록 굽는다.

③ 블렌더에 바질, 마늘, 파르메산 치즈 가루, 잣, 올리브 오일을 넣고 곱게 간 뒤 소금과 후추를 넣고 섞어 바질 페스토를 만든다. 잣은 장식용으로 조금 남겨 둔다.

④ 삶은 파스타를 건져서 물기를 빼고 바질 페스토로 버무린 뒤 접시에 담고 구운 잣을 뿌린다.

(5) 모델 파스칼 되르의 근육 강화 피트니스 파스타 요리 사례 "신선하고 건강한 재료로 만들어 영양이 더 풍부하죠."

아버지의 나라 독일에서 태어나 모델로 일하다 어머니의 나라 한국으로 들어온지 이제 9개월째다. 2년 전 자신의 근원을 알고 싶어 어머니의 고향인 한국에 왔고, 대학 어학당에서 한국어를 배웠다. 이후 독일로 돌아갔다 다시 한국에 와서 현재 모델라인 소속 모델로 활동 중인 파스칼 씨는 가족과 떨어져 지금 친척 집에 머물고 있는데, 그는 하루에 도시락을 두 개씩 싸서 집을 나선다.

여자 모델도 그렇겠지만 남자가 모델로 일한다는 건 특히 육체와의 끊임없는 싸움을 의미한다. 하루에 기본 두 세 시간은 피트니스센터에서 운동을 하고, 입으로 들어가는 음식 하나에도 여간 엄격한 것이 아니다.

"사실 밖에 나와서 마음 놓고 사 먹을 수 있는 음식은 그리 많지 않아요. 그래서 저는 늘 점심과 저녁 도시락을 준비해 다닙니다. 제가 직접 도시락을 싸는데, 주로 파스타나 덮밥일 경우가 많아요."

동네 슈퍼마켓에서 그가 주로 구입하는 재료는 기름기 없는 쇠고기, 닭 가슴살, 고구마, 각종 해물류, 그리고 신선한 제철 채소류다. 조리 과정을 단순하게 하기 위해 허브와 양념이 들어 있는 시판 토마토 소스 병 제품을 이용하고, 대신 요리할 때 소금이나 기름을 전혀 사용하지 않는다. 만약 기름이 꼭 들어가야 하는 레시피라면 반드시 올리브 오일을 쓴다. 치즈를 넣은 해물 파스타도 거의 매일 자신만의 방법으로 만든다.

그렇다고 해도 어머니의 음식이 그립기는 하다. 독일에 살 때는 솜씨 좋은 어머니가 만들어 준 음식을 따라 요리해 보기도 하고 가끔씩 친구들과 함께 피자며 파스타를 만드는 것이 즐거웠지만, 지금은 매일매일 귀찮음과 맛의 유혹을 이겨 내고 혼자서 요리하는 것이 재미있을 리만은 없다.

그가 그래도 파스타를 즐겨 먹는 까닭은 영양이 풍부하고, 어떻게 만들어도 항상 맛있고, 무엇보다 쉽게 만들 수 있어서다. 국수처럼 긴 면발보다는 조개 모양, 나사 모양, 바퀴 모양, 리본 모양 등 떠먹을 수 있는 재미있는 모양의 파스타를 반드시 사용한다.

다음은 그가 추천하는 파스타 요리이다.

닭 가슴살 토마토 소스 콘길리에 파스타

준비 재료(4인분)

- 콘길리에 360g
- 닭 가슴살 600g
- 후추 약간
- 마늘 3쪽
- 옥수수 1캔
- 트리플 머시룸 파스타 소스 1병
- 말린 바질 1ts
- 말린 파슬리 가루 약간

조리 방법

① 닭 가슴살을 사방 1cm로 깍둑썰기를 한다.
② 프라이팬을 뜨겁게 달궈 닭 가슴살을 넣어 볶다가 다진 마늘과 후추를 넣는다.
③ ②에 토마토 파스타 소스를 넣어 끓이다가 물기를 뺀 옥수수와 바질을 넣는다.
④ 끓는 물에 조개껍데기 모양의 콘길리에를 넣고 삶는다.
⑤ 삶은 콘길리에에 토마토 소스를 얹어 내거나 혹은 토마토 소스에 콘길리에를 버무려 접시에 담은 뒤 말린 파슬리 가루를 뿌린다.

2) 알고 먹으면 더 맛있는 파스타

일주일에 적어도 5번 정도는 이탈리아인들의 식탁 위에 올려지는 지중해 대표 음식인 파스타는 이탈리아에서만 연간 310만 톤 이상이 생산되어 소비되고 있으며 1인당 연간 소비량은 28kg 정도이다. 이탈리아는 전 세계 파스타 생산량의 15%를 점유하며 소비와 생산 역시 1위를 차지하고 있는데, 이탈리아 파스타의 생산은 대부분 이탈리아 남부 지역에서 만들어지고 있다(2005년 통계 기준).

지중해 음식의 여왕으로 이제는 전 세계 어디서나 사랑받는 음식 중 하나인 파스타는 그 관심만큼 매년 파스타 전문 디자이너들에 의해 다양한 종류의 파스타들이 끊임없이 개발되고 있으며, 우리는 이 과정에서 이탈리아인들의 우수한 창조성과 독창성을 엿볼 수 있다.

(1) 파스타의 역사

파스타는 그 종류만큼이나 풍부한 깊은 역사를 가지고 있다. 파스타의 기원을 마르코 폴로(Marco Polo)가 1292년 동방 여행 후 베네치아(Venezia)로 돌아오면서 중국으로부터 전했다는 설로 정의 내리는 것은 다음의 여러 사실들로 미루어 보아 더 이상 신빙성이 없는 듯 하다.

사실 파스타의 발명은 어느 한 민족에 한정하기는 힘들다. 인간이 유목 생활에서 정착 생활로 생활 방식을 바꾸며 땅을 경작하기 시작하면서 얻은 밀을 정제하여 물과 함께 반죽한 것을 평평하게 밀어 뜨거운 돌 위에 익혀 먹기 시작한 포카치아(Focaccia)의 종류인 아지무(àzimo)라는 빵의 출현은 이미 1만 년 전부터였다. 이후 이 반죽이 달궈진 돌에서 물에 끓여 먹는 방법으로 발전하는 것은 오랜 기간이 걸리지 않았다. 파스타의 첫 유사 흔적을 볼 수 있는 고대 그리스 시대로 거슬러 올라가면 넓고 평평한 반죽을 길게 자른 파스타를 의미하는 라자냐(Lasagna)라는 단어를 찾아볼 수 있다. 또 기원전 5세기 말 그리스의 희극 작가 아리스토파네스(Aristophanes)는 그의 연극 작품에서 음식의 성격을 설명하던 중 현재의 이탈리아식 작은 만두인 라비올리(Ravioli)를 연상케 하는 파스타에 관한 이야기를 하였다. 파스타가 에투루스키인(이탈리아 반도 중북부에 거주하던 고대 국가 주민)의 식생활 중 일부였음을 증명하는 역사 자료로 기원전 4세기 이들의 무덤에서 파스타를 만들 때 사용하는 도구가 발견된 바 있다. 로마 공화정 말기의 유명한 문호인 치체로네(Cicerone)와 오라치오(Orazio)가 현재의 라자냐(Lasagna)와 유사한 라게나(Làgana)의 애호가라는 설은 로마인들도 파스타를 먹었음을 짐작케 하며, 당시 미식가였던 아피키우스(Apicius)에 의해 쓰여진 책 *Apici Caeli de Re Coquinaria Libri Decem*(2009)에도 이 라게나(Làgana)에 대한 묘사가 있다.

(2) 건조 파스타의 등장

시칠리아(Sicilia)에서는 12세기에 '마케로니(Maccheroni)'라는 단어가 등장하는데, 이는 당시 모든 파스타를 일컫는 단어로 '으깨다'라는 뜻의 라틴어 'Maccare'에서 유래되어 '반죽을 힘껏 하다.'라는 뜻으로 사용되었다. 오늘날 이 단어는 짧은 파스타의 한 종류를 가리키는 단어이지만 여전히 남부 지방에서는 모든 반죽의 형태를 일컫기도 한다. 이 Maccheroni의 한 종류로 시칠리아의 팔레르모(Palermo) 근처인 트라비아(Trabia) 지역에서는 아라비아어인 '이트리야(Itriyah)'라 부르며 '선 모양의 밀가루 음식'을 생산하고 있었다. 이는 알 이드리스(Al Idris)라는 아라비아 지리학자가 이 지역을 방문한 후 적은 책 *Illibro del Ruggero*(1154)에서 언급하였는데, 이는 단지 반죽만을 뜻하는 것이 아니라

이 지역의 유리한 기후 조건을 이용한 건조 과정을 통해 오랜 기간 저장한 파스타를 지칭하였다.

사실 건조 파스타는 아라비아의 상인들이 사막을 횡단하며 밀가루 반죽을 얇게 밀어 건조시켜 실에 꿰어 가지고 다닌 것이 그 유래라는 설이 있지만, 이에 대한 어떠한 증명 자료가 있는 것은 아니다. 그 후 건조 파스타는 바다를 건너 나폴리(Napoli)에서 더욱 보편화되기 시작한다. 1700년까지만 해도 '마케로니(Maccheroni)'라는 단어의 정확한 정의를 내리기는 여전히 힘들었으며, 여러 종류의 파스타들은 대개 '마커로니(Maccgeroni)'라 불렀다. 하지만 나폴리인들이 Maccgeroni를 먹기 시작하면서 이를 긴 파스타를 가리키는 말로 사용하기 시작하였으며, 이것들이 일상생활로 들어와 간단하고 서민적이며 영양분이 풍부하고 빨리 준비할 수 있는 음식으로 자리 잡아 정의를 굳히기 시작한다. 1800년대 초 이후부터 이 길고 둥근 파스타를 지칭하는 Maccgeroni는 나폴리뿐만 아니라 이탈리아 전역에 퍼지기 시작하였고 '실'이라는 뜻의 이탈리아어 스파고(Spago)의 축소형 표현인 스파게토(Spaghetto)의 복수형으로 '스파게티(Spaghetti)'라 불리기 시작한다.

파스타의 혁명이라고 하면 토마토 소스와의 만남을 빼놓을 수 없다. 신대륙 발견 이후 유럽에 전해진 토마토는 음식 문화에 많은 변화를 가져오는데 특히 17세기 나폴리에서 토마토를 파스타에 접목시키게 된다. 이때까지만 해도 파스타가 비천한 음식으로 귀족 문화에 들어가지 못했는데 그 이유는 도구를 사용하지 않고 손으로 먹어야 했기 때문이라고 한다. 하지만 1800년경 페르디난도(Ferdinando) 2세의 신하 젠나로 스파다치니(Gennaro Spadaccini)의 포크 발명으로 궁중에서도 파스타를 먹기 시작하였다.

(3) 파스타의 종류

이탈리아에서 건면 파스타는 전통적으로 경질 밀(Grano duro)을 거칠게 갈은 세몰라(Semola) 가루로 만든다. 반면 다른 밀의 종류인 연질 밀(Grano tenero)은 밀가루로 사용하는 것으로 계란 파스타, 빵을 만드는 데 쓰였다. 경질 파스타는 남부 이탈리아의 양지와 딱딱한 땅에서 자랐고 연질 파스타는 좀 더 습하고 평온한 북부 파다나(Padana) 평야에서 자라서, 여기서 남부의 건면과 북부의 계란 파스타의 차이가 확연히 나오게 된다.

- 경질 밀의 세몰라 파스타(Pasta Di Semola Di Grano Duro) : 건면 파스타는 경질 밀의 세몰라 가루와 물을 함께 섞어 만든다.
- 특별 파스타(Pasta Special) : 세몰라 가루를 기본으로 기호에 따라 시금치, 토마토로 색과 맛을 첨가 할 수 있고 소를 채우는 만두형 파스타로 치즈, 생선, 육류, 야채 등 여러 가지 재료를 넣을 수 있다.
- 계란 파스타(Pasta All'uovo) : 맛이 풍부한 계란 파스타는 1kg의 세몰라 가루에 최대 200g의 계란 전란을 사용한다.
- 생면 파스타(Pasta Fresh) : 생면은 계란과 연질 밀을 이용하여 만든 면으로 타그리아텔레(Tagliatelle), 말타그리아티(Maltagliati), 소를 채운 형태로는 라자냐(Lasagna), 카넬로니(Cannelloni), 토르텔리니(Tortellini), 라비올리(Ravioli)가 그 종류이다. 몇 십 년 전까지만 해도 파스타에 계란 반죽을 사용하는 것은 부유층만 사용하는 흔한 것이 아니었다. 흔히 물과 밀가루만 사용하였으며, 오늘날에도 비골리(Bigoli), 오레키에테(Orecchiette) 등은 계란을 사용하지 않는 전통 방식을 따르고 있다.
- 통밀 파스타(Pasta Integrale) : 식이 섬유를 지원하기 위해 통밀을 그대로 갈아 가루로 만든 파스타로 100g의 통밀 파스타에는 6g의 섬유질이 포함되어 있어 1일 섬유질 권장량의 20%가 포함되어 있다.

파스타의 영양가는 세몰라 파스타의 경우(계란이 들어가지 않은 경우) 356kcal, 콜레스테롤 0mg, 단백질 10.8g, 탄수화물 82.8g, 지방 0.3g으로 지중해 다이어트 음식으로 불리었으며, 부족한 비타민과 미네랄은 토마토 소스를 곁들이면서 점차 보완하게 된다.

이 같은 영양 성분을 갖춘 다이어트 파스타는 밀가루를 사용해서 만들기 때문에 살이 찌기 쉽다고 생각하는 사람들이 많다. 하지만 원래 파스타에 쓰이는 밀가루는 듀럼(Durum)이라고 해서 연한 호박색의 모래 같은 가루를 빻아 만든 지중해성 밀가루이다. 이 밀가루는 글루텐이 풍부하고 탄력이 좋으며 탄수화물 함량이 높고 단백질도 매우 풍부하다. 다만 비타민과 미네랄이 부족하다는 단점이 있을 수 있는데 이는 토마토 소스를 얹어 먹으면 거의 완벽한 영양적 균형을 갖출 수 있다.

또한 탄수화물이 글루텐으로 쌓여 있기 때문에 소화와 흡수가 천천히 이루어지므로 체내에서 연소되기가 쉽다. 따라서 축적되기 보다는 그대로 소화가 되는 경우가 더 많아서 오히려 살이 찌지 않는 다이어트식이라고 할 수 있다. 물론 치즈를 비롯한 각종 고열량의 지방이 듬뿍 들어가고 치즈를 뿌려 구운 파스타라면 모르겠지만, 삶아서 토마토 소스를 얹어 먹는 정도의 파스타는 영양이 뛰어난 것은 물론 다이어트에도 아주 좋은 음식이다.

▶ 파스타 맛있게 삶기

- 파스타를 삶기 위해서는 파스타 100g당 1L의 물이 필요하고 충분한 크기의 냄비에 삶아야 익히는 동안 냄비에 붙는 것을 막을 수가 있다.
- 소금과 물의 양도 아주 중요하여 1L당 10g의 굵은 소금이 필요하다. 소금은 물이 끓을 때 넣는 것이 이상적이다. 만일 물이 끓기 전에 넣는다면 끓는점이 낮아진다.
- 라자냐(Lasagna)와 같은 면이 넓은 파스타나 생면들을 삶을 경우, 붙는 것을 방지하기 위해 올리브 오일을 넣을 수도 있다.
- 파스타 면은 냄비에 넣으면 반드시 나무 포크로 저어 주어야 서로 붙는 것을 막아 준다.
- 스파게티를 건져 낼 때는 형태를 그대로 유지하기 위해서 나무 포크로 한번에 조금씩 건져 낸다.
- 파스타는 약간 덜 삶는 알 덴테(Al dente)로 삶아야 탄력이 좋아진다.
- 파스타는 중앙 부분이 약간 덜 익은 상태가 알 덴테(Al dente)이다.
- 파스타의 익힘 정도는 그 형태와 파스타 면의 두께에 따라 결정된다.

▶ 파스타를 맛있게 즐기는 방법

- 식사 예절

이탈리아 사람들은 음식을 먹을 때 소리 내는 것을 안 좋게 생각한다. 그러나 기다란 면을 먹을 때 소리가 나는 것은 당연한 것이며 그 때문에 방법을 찾다 보니 자연스럽게 면을 돌려 먹는 방법이 탄생하였다. 숟가락을 주는 이유는 긴 면발을 쉽게 감기게 하기 위해서다.

- 이탈리아의 파스타 이야기

이탈리아 사람들은 포크로 파스타의 면을 감아 먹을 때 시계 방향으로 돌려 먹는다. 그 이유는 시계 반대 방향으로 면을 감아 먹으면 불행이 찾아온다는 전설 이야기가 전해 내려오기 때문이다.

- 마늘빵 & 파스타 소스

마늘빵을 남은 파스타 소스에 찍어 먹는 맛도 일품이다. 맛있는 소스를 남기기 아쉽다면 마늘빵을 찍어 먹어 보자. 이탈리아에서는 파스타 접시에 남은 소스를 마늘빵에 찍어 남기지 않고 먹는 것이 요리사에 대한 최고의 칭찬이자 상례이다.

3) 동서양을 묶는 파스타의 역사

파스타는 어느 나라가 기원일까? 아마도 대다수의 사람들이 이탈리아라고 대답할 것이다. 하지만 파스타를 처음 만든 나라는 중국이다. 물론 파스타라는 단어 자체는 밀가루와 액체의 혼합이라는 의미를 지닌 그리스어가 그 어원이지만, 우리가 지금 먹고 즐기는 파스타는 중국에 그 기원을 두고 있으며 훗날에 이탈리아로 전해졌다는 것이 역사적 정설이다.

중국에서는 이미 기원전 3000년경에 국수 형태의 음식을 만들어 먹었다. 그리고 바로 마르코 폴로(Marco Polo)의 『동방견문록』(1300)에 보면 마르코 폴로가 원나라의 황제인 쿠빌라이 칸(Khubilai khan)에게 식사 대접을 받을 때 국수 형태의 음식을 먹었다는 기록이 있다. 후에 마르코 폴로는 이탈리아로 돌아오면서 국수 형태의 음식을 가지고 돌아왔고 이것이 이탈리아 등지에서 파스타라는 음식으로 빠르게 퍼진 것이 중국에서 이탈리아로 파스타가 전파된 유래라고 한다.

하지만 마르코 폴로가 전달하기 이전에도 이탈리아 곳곳에서 밀을 이용해 각종 '면'을 만들어 먹은 흔적이 있다. 또 이탈리아 제노바(Genova)의 폰지오 바스토네(Ponzio Bastone)라는 사람이 마카로니(Macaroni)가 가득 들어 있는 큰 상자를 유산으로 남겼다든가, 이탈리아의 에투루스키족의 무덤 부장품으로 각종 파스타와 제조 기구가 발견된 것 등은 굳이 마르코 폴로를 끌어들이지 않고도 이탈리아에 이전부터 파스타가 존재했었다는 증거가 되고 있다.

이처럼 파스타가 중국 혹은 이탈리아의 일부 지역에서 시작되기는 했지만 이는 어디까지나 생으로 뽑아 즉시 먹는 생 파스타의 기원이다. 그렇다면 사람들은 언제부터 파스타를 건조시켜서 보관하여 먹게 되었을까?

우리가 지금 흔하게 접하는 건조 파스타를 만든 사람들은 아라비아의 상인들이라고 알려져 있다. 오랜 시간 사막을 오가며 장사를 하던 그들에게는 썩지 않고 보관이 편리

한 식품이 필요했고, 그 방편으로 밀가루를 물에 반죽해 가늘게 뽑아 국수 모양으로 만든 뒤 말려서 가지고 다녔던 것이다.

이렇게 아라비아 상인들에 의해 개발된 건조 파스타는 아라비아인들이 시칠리아(Sicilia)를 점령하면서 이탈리아에 알려졌고, 이후 해상 무역의 중심지인 제노바(Genova)로 전해진 파스타는 지중해 전역에 그 문화를 퍼뜨리게 되었다. 제노바는 해상 무역의 중심지답게 파스타를 생산하여 수출하는 거점 도시로도 유명하였는데, 이는 바다에서 불어오는 해풍이 파스타를 건조하는 데 큰 몫을 했기 때문이기도 하다. 이후 나폴리(Napoli)에서 재배가 왕성하였던 토마토를 파스타에 뿌려 먹으면서 우리가 지금 먹는 파스타의 원형이 만들어지게 되었다.

그 후 1861년 이탈리아는 통일이 이루어지기 전까지 작은 국가들로 나누어져 각각 독립적인 문화를 발전시켜 왔는데, 이는 다양한 요리 문화 형성에 영향을 주었다. 대체로 나폴리(Napoli)와 시칠리아(Sicilia)를 중심으로 한 남부 지방은 맵고 짠맛이 강한 해산물과 토마토를 이용한 요리가 성행하였고, 베네치아(Venezia)와 밀라노(Milano), 제노바(Genova) 등을 중심으로 한 북부 지역은 리소토(Risotto)와 같은 쌀 요리나 치즈와 육류를 이용한 요리가 많은 편이였다.

파스타의 모양은 무척이나 다양한데 각각의 모양이 모두 소스의 맛을 가장 잘 끌어내기 위한 것이라고 할 수 있다. 모양에 따라 어울리는 소스의 조합도 그만큼 다양하기 때문에 파스타의 맛을 내는 조합은 무궁무진하다.

우선 우리에게 가장 익숙한 국수 모양의 파스타는 스파게티(Spaghetti)라고 부른다. 그리고 꼬불꼬불한 나선형 모양의 파스타는 푸실리(Fusilli), 가운데에 구멍이 있는 빨대 모양의 파스타는 부카티니(Bucatini), 넓적하고 긴 모양으로 마치 칼국수 면과 같은 파스타는 타그리아텔레(Tagliatelle), 얇고 넓적한 판 모양의 파스타는 라자냐(Lasagna), 짧게 잘린 튜브 모양의 파스타는 펜네(Penne)라고 부른다. 그 외에 나비 모양의 파르펠레(Farfelle), 조개 모양의 콘길리에(Conchiglie), 마차 바퀴 모양의 루오테(Ruote) 등이 이탈리아 식당에서 자주 접하는 파스타의 종류들이다.

보통 이탈리아 음식점에 가면 음식명 아래에 각 파스타의 종류와 소스가 자세하게 명시되어 있다. 메뉴에 있는 그대로 주문해도 좋지만 나만의 독특한 파스타를 원한다면 '무슨 파스타에 무슨 소스로 해 주세요.'라는 주문 요청을 한번 해보는 것이 어떨까? 파스타를 활용한 맛의 창의적 융합은 무궁무진하니 말이다.

사실 파스타는 서양식 국수지만 은근히 우리나라 음식과도 궁합이 잘 맞는다. 특히 명란젓과 참기름으로 살짝 비빈 파스타는 의외로 어른들도 좋아한다. 된장 소스에 비빈 파스타도 만들어 먹을 수 있다. 어쨌든 파스타 요리는 역시 관심을 가지고 다양하게 요리해 보는 것이 제일 좋다고 생각된다. 그러다 보면 후세에 대대로 남길 파스타 요리 하나쯤은 만들어질 수도 있을 것이다.

제3장

올리브(Olive)의 역사적 배경

유럽에서는 올리브가 예전부터 요구르트, 양배추와 함께 3대 장수 음식에 포함될 정도로 영양학적 측면에서 인정을 받은 바 있다. 최근까지도 그 기능을 밝혀내기 위한 연구가 진행되고 있고, 그 결과가 속속 도출되고 있다.

정확하지는 않지만 올리브 나무는 원산지인 지중해 연안에서 발견되는 화석을 토대로 볼 때 기원전 1만 2000년경부터 기원전 3000년경인 청동기 시대부터 존재했다. 이는 고대 함무라비 법전과 이집트 파피루스 문서 등의 고문서에 올리브 나무가 등장하는 데 근거한 것이다. 현재는 이탈리아와 미국 캘리포니아(California), 남아프리카(South Africa) 등에서 상업적으로 생산하고 있으며, 그중 90% 이상이 지중해 연안 이탈리아에서 재배되고 있다.

'생명의 나무'와 '평화의 나무'로 상징되는 올리브 나무는 예로부터 신의 제단에서만 태울 수 있는 신성한 존재로 간주되었다. 그리스 신화에서는 제우스(Zeus)와 라토나(Latona) 여신의 아들 아폴로(Apollo)와 그의 여동생 아르테미스(Artemis)가 올리브 나무 밑에서 태어난 것으로 기록되어 있으며, 구약 성서에는 홍수가 났을 때 노아의 방주에서 나간 비둘기가 올리브 나뭇가지를 물고 돌아온 것을 보고, 신의 진노가 멈추고 대지에 물이 빠져 나간 것으로 기록되어 있다.

고대 이집트에서도 올리브는 중요하게 여겨졌으며, 올리브 잎을 달인 물을 왕족의 미라를 만드는 데 방부제로 사용했으며, 나뭇가지는 파라오의 무덤을 장식하는 용도로 사용했다. 그리고 죽은 사람은 누구나 올리브 오일을 발랐으며, 이것은 오일을 바르지 않으면 죽음의 신을 만날 수 없다고 여겼기 때문이다. 고대 로마에는 기원전 7세기 무렵에 전해져 여신 미네르바(Minerva)의 상징이 되었고, 아테네에서는 중요한 무역 상품으로서 경제적으로 윤택해지는 원동력 역할을 했다.

올리브가 오랜 세월 동안 사랑을 받아 온 이유는 '신이 인간에게 내린 최고의 선물'이라 불릴 정도로 활용도와 영양학적 측면이 뛰어나기 때문이다.

올리브의 가장 큰 매력은 불포화 지방산의 효력이다. 지방산은 동물성과 식물성 두 가지로 분류되는데, 그 중에서도 식물성 지방산의 섭취를 권장해 왔다. 식물성 지방산에도 복합 불포화 지방산과 단순 불포화 지방산 두 종류가 있는데, 혈중 콜레스테롤 수치를 낮춰주는 것이 단순 불포화 지방산이고 이 성분이 많이 함유되어 있는 것이 바로 올리브이다.

올리브는 올레인산 성분을 65~80%나 함유하고 있다. 우리 몸속에 유해한 LDL(Low Density Lipoprotein) 콜레스테롤 수치를 낮추는데 아주 좋고, 유익한 HDL(High Density Lipoprotein) 콜레스테롤 수치는 전혀 손실이 없다. 따라서 당뇨병, 비만, 고혈압, 동맥경화, 심근경색, 협심증 등의 성인병을 예방하는 데 탁월한 성분과 기능을 가지고 있다. 예를 들면, 콜레스테롤을 많이 함유하고 있는 새우나 오징어 요리를 할 때 올리브 오일을 사용하면 아주 도움이 된다. 그리고 올리브는 담즙의 생산을 돕는 효소가 있어 지방간과 신장의 결석을 예방하며, 모유 성분인 리놀렌산이 위액과 췌장액의 분비를 촉진시켜 소화 장애를 돕는다. 올리브의 각종 비타민과 칼륨, 칼슘, 철, 필수 미네랄 성분은 여성과 아이들에게 좋은 영향을 미친다.

하버드 대학 국민보건연구센터에 의하면 올리브를 지속적으로 섭취할 경우 유방암 발생률이 현저히 낮아진다고 한다. 또 성장기 어린이에게는 뼈와 뇌 발달에 도움을 준다. 그 외에 노화 방지 효소가 30~40가지 이상 들어 있어 골다공증 예방과 피부 미용에도 효과적이다.

올리브 오일의 열량은 1g당 9kcal로 꽤 높은 편이다. 하지만 올리브 오일로 드레싱을 만들거나 올리브를 샐러드에 곁들여 섭취하면 비만 예방과 치료에 효과가 있다는 연구도 있다. 그리고 올리브 오일은 재료의 신선함을 유지해 주고, 열매의 독특하고 자극적인 맛과 느끼함을 덜어 주는 역할을 함으로써 채소의 섭취량을 높여 준다고 한다.

지중해 인근 지역에 사는 사람들은 어릴 때부터 올리브 오일을 먹는 것을 생활화해보통 70~80세까지 무병장수하며 농사를 지을 정도로 건강하다. 세계 3대 테너 중 한 사람인 루치아노 파바로티(Luciano Pavarotti)는 생 올리브 오일을 매일 한 컵씩 가득 마시면서 목 상태를 건강하게 유지했다고 하며, 체중도 7kg 정도 감소했다는 보도가 있었다. 또 석유 재벌 존 데이비슨 록펠러(John Davison Rockefeller)는 98세까지 살았으며, 그는 매일 올리브 오일 한 스푼을 먹는 것으로 건강 비결을 꼽았다. 이탈리아 여배우 소피아 로렌(Sophia Loren)은 젊은 시절부터 올리브 오일로 만든 요리와 화장품을 즐겨 사용한 결과 2006년에 70세가 넘는 나이로 세미 누드를 찍어 아름다움을 과시하기도 했다.

올리브는 피클이나 절임의 형태로 만들어 먹을 수도 있지만, 효과적인 방법은 오일을 아침 공복에 하루 1~2Ts씩 먹는 것이다. 만약 이 방법이 먹기가 느끼하면 레몬즙, 또는 사과 주스나 간 것, 당근 주스나 간 것을 약간 섞어서 마시면 좋다. 당근과 사과에는 비타민과 베타 카로틴이 많아 시너지 작용을 일으켜 더욱 탁월한 효과를 볼 수 있다.

1) 올리브 오일의 종류와 선택 방법

'신의 열매'인 올리브 열매는 원래 쓴맛이 강하기 때문에 생으로는 잘 먹지 않고 대체로 가공 처리를 하여 사용한다. 올리브 열매는 소금물에 담가 두었다가 쓴맛이 제거된 후 샐러드에 곁들이거나 애피타이저용 안주로 사용하는 것이 일반적인 방법이다. 올리브는 크게 블랙(black) 올리브, 그린(Green) 올리브, 스터프드(Stuffed) 올리브 등 3가지 종류가 있다.

올리브 오일은 음식의 풍미를 돋우는 데 훌륭한 역할을 하고 있지만 모든 올리브 오일 품질이 똑같은 것은 아니다. 올리브 오일은 정제 과정과 산도에 따라서 엑스트라 버진(Extra virgin) 올리브 오일, 버진(Virgin) 올리브 오일, 퓨어(Pure) 올리브 오일, 포마세(Pomase) 올리브 오일 등 크게 4등급으로 나누어진다. 따라서 용도와 가격의 차이가 있으므로 필요에 맞는 선택을 하는 것이 중요하다.

- 엑스트라 버진 올리브 오일(1등급) : 올리브를 압착하여 얻은 오일로서, 맛과 향이 가장 뛰어나며 산도가 1% 이하이기 때문에 신맛이 거의 없다. 색상은 열매에 따라 좌우되기 때문에 진한 녹색부터 황금색까지 다양하며 향이 강해 샐러드 드레싱, 신선한 재료 무침 등 익히지 않은 요리에 사용하는 것이 적합하다.
- 버진 올리브 오일(2등급) : 올리브 압착을 통해 추출한 것으로 산도가 1~2% 이하이며 엑스트라 버진 올리브 오일에 비해 맛과 향의 품질이 약간 떨어진다.
- 퓨어 올리브 오일(3등급) : 올리브 압착과 정제를 한 번 더 추출한 것으로 향이 약해 다소 품질이 떨어진다. 높은 온도에서도 잘 타지 않아 주로 조리용 음식에 활용이 용이하다. 달걀 프라이, 부침 요리, 볶음 요리에 사용하면 훨씬 바삭바삭하고 향과 맛이 좋아진다. 그리고 고기 양념을 할 때도 첨가하면 한결 부드러운 육질이 된다.
- 포마세 올리브 오일(4등급) : 올리브를 처음 압착하고 남은 찌꺼기로 다시 추출한 가장 낮은 등급으로, 식용으로는 적합지 않으며 특히 비누나 섬유를 만들 때 사용된다.

올리브 오일을 고르는 가장 좋은 방법은 미각과 후각에 의존하며, 열매에서 추출한 것이므로 자연적이고 신선할수록 품질이 좋다. 산도가 낮을수록 맛이 깊고 좋은 향이 난다. 올리브 오일을 입에서 살짝 음미하면 과일향이 나는 것이 좋은 품질이며, 약간 기름 냄새나 알코올 냄새가 나면 품질이 조금 낮은 것이다. 또 녹색일수록 품질이 뛰어난 것이라 할 수 없다.

올리브 오일은 매장에서 바깥쪽에 있는 것은 장시간 햇빛에 노출되어 신선도가 떨어질 가능성이 있어서 안쪽 햇볕에 노출되지 않은 곳에 배치된 것을 고르는 것이 좋다. 그리고 플라스틱 병 제품은 유해 성분이나 다른 향이 올리브 오일에 흡수될 수 있으므로 가능하면 자외선을 차단 시켜주는 유리병에 담긴 것이 좋다. 보관 시에는 뚜껑을 꼭 닫아 10~26℃ 정도의 서늘한 곳에 두는 것이 좋으며 냉장고에 보관할 경우 색상이 탁해지거나 굳기도 하지만 실온에 두면 곧 원래 상태로 돌아온다.

2) 올리브 오일의 기원

인류에 의해 경작되고 있는 올리브 나무는 보리수 나무 종인 사티바(Sativa)라는 식물 그룹에 속한다. 덥고 건조한 여름과 적당한 비가 내리는 서늘한 겨울의 기후를 가지고 있는 지중해는 이 나무가 자라기에 가장 이상적인 환경이다. 올리브 나무는 성장하는 데에 있어 특별히 까다로운 조건을 요구하지 않으며 다른 작물들이 자라기에는 부적합한 돌이 많은 하찮은 땅에서도 잘 자란다. 상록수인 올리브 나무는 첫 열매를 맺기 위해서는 5~8년이 걸리지만 특별히 길고 생산적인 생명력을 지니고 있다. 평균 수명이 600년이고 때로는 그 이상이기도 하며, 75종이 넘는 다양한 종류의 올리브 나무가 있다.

• 어원

'올리브(Olive)'라는 단어는 유럽과 아프리카에서 그 기원을 찾아 볼 수 있다. 이 단어의 어원을 밝혀내면 크레탄(Cretan) 단어로 Elaiwa, 셈족의 단어로 Ulu, 라틴어로 Oleum이다. 반대로 스페인어로 오일을 뜻하는 Aceite는 전혀 다른 근원을 가지고 있으며, 아라비아어인 Zait와 Zaitum 등에서 유래한다.

• 올리브 열매의 즙

올리브 오일은 올리브 열매로부터 물리적인 방법에 의해 얻어진다. 올리브 열매로부터 액체를 압축한 후에 원심력이나 침전으로 과육과 오일을 분리해서 생산된 올리브 생주스이다.

• 올리브의 신화

올리브 나무가 정확히 언제 나타났는지는 알 수 없다. 하지만 올리브 나무는 세상만큼이나 오래되었고, 고대 역사적 신비만큼이나 신성하고 신이 인류에게 준 소중하고 훌륭한 선물이라고 우리는 믿고 있다. 그리스에서는 생명을 주는 이 올리브 나무가 없는 것은 상상도 할 수 없는 일이다. 역사와 고고학적 사실의 범위를 넘어서 신화만이 그 근원을 설명할 수 있는 힘을 지니고 있다고 한다.

로니안(Lonian) 신화에 의하면 신의 아버지가 신에게 가장 독창적이고 실용적인 선물을 주는 사람에게 아테네의 땅을 주기로 약속했다. 지혜의 여신인 아테나(Athena)는 번영과 평화의 상징인 올리브 나무를 선물하면서 포세이돈(Poseidon)을 이기고 땅을 얻었다. 따라서 오늘날 아테네 도시 이름은 여신의 이름에서 따온 것이며, 이 신성한 올리브 나무는 아테네의 아크로폴리스 바위 언덕 위에 심어져 소중하게 보존되어 왔다.

또한 크레탄(Cretan) 신화에서는 아테나 여신이 크레타(Creta) 섬에서 태어나 섬의 주민들에게 신성한 나무를 선물한 것으로 되어 있다.

또 다른 세 번째 신화에 의하면, 고대 크레타 섬 사람인 미노안(Minoan)의 배로 여행하던 헤라클레스(Heracles)가 펠레폰네소스(Peloponnesos) 반도에 도착하면서 그가 함께 가지고 다니던 올리브 나무를 여기에 전해 그리스 전역에 퍼진 것으로 되어 있다.

• 올리브 나무의 역사적 배경

올리브 나무의 근원지는 정확히 알려지지 않았지만 일반적으로 시리아(Syria)와 다른 지중해 동쪽 국가들로부터 생기기 시작했다고 한다. 올리브 나무는 여기서부터 전체 지중해 분지로 퍼졌다. 기원전 12세기 이집트 파피루스에 의하면 람세스(Ramesses) 3세가 태양의 신에게 올리브 나무를 봉납했다고 한다. 그리고 우리는 올리브 나무의 다른 발자취를 성경에서 찾아 볼 수 있다. 구약 성서에서 노아는 비둘기가 방주에 작은 올리브 가지를 가져다 줄 때 비로소 홍수가 끝이 난 것을 알았다고 한다. 고대 시인 호메로스(Homeros)는 올리브 나무가 그리스에서 1만 년이 넘게 자랐다는 것을 주장했고, 솔론(Solon)의 법에는 올리브 나무를 뿌리째 뽑거나 훼손하는 자는 사형에 처하도록 규정되어 올리브 나무의 신성함과 소중함을 보여 주고 있다.

• 올리브 나무를 경작한 크레타 섬

올리브 나무는 기원전 3000년 청동기 시대에 처음으로 인류에 의해 경작되기 시작했다. 특히 체격이 작고 유연한 미노안(Minoan)들이 다른 동쪽 지중해 사람들로부터 올리브 나무의 문화를 이어 받아 크레타(Creta) 섬에서 올리브 나무를 경작한 것은 문화 발전에 결정적이고 획기적인 사건이었다. 이곳은 기후가 온화하고 토지가 비옥한 세계에서 가장 중요한 문명이 발전한 곳이며, 올리브 나무가 자라기에 가장 적합한 곳이었다. 인간에게 귀중한 오일을 풍부하게 공급하고 꽃을 피우는 올리브 나무는 다른 나무들과는 비교가 안 될 정도로 귀하게 여겨졌다.

독특하고 귀중한 고고학적 유적의 발견은 올리브 나무가 하루하루의 삶에 중요한 영향을 주었을 뿐만 아니라 미노안(Minoan)의 의식에도 큰 영향을 끼쳤다는 것을 보여 준다. 대부분의 유적은 섬 전체에 걸쳐 올리브 나무 박물관에 전시되어 있다. 발견된 유적 중에는 올리브 오일을 압착하는 맷돌, 올리브 오일을 보관하는 병, 램프, 그리고 여러 가지 나무의 묘사 혹은 각종 그릇에 새겨진 올리브 가지 무늬가 있다. 이것은 올리브 나무가 종교적 의식에서 어떠한 의미를 지녔는지를 보여 주는 주목할 만한 것이다. 가장 눈부신 고고학적 발견은 올리브 나무들이 원뿔형의 컵 안에 가득한 것 같은 미노안(Minoan) 왕궁에서 찾을 수 있다.

• 올리브 나무의 상징

고대 그리스의 시인 호메로스(Homeros), 고대 이집트의 해부학 책인 파피루스, 구·신약 성서 그리고 이슬람 경전 코란(Koran)에 의하면 신성한 올리브 나무는 고대와 현대의 신들로부터 축복을 받았고 지식, 지혜, 풍부함, 평화, 권력, 힘, 아름다움 그리고 건강을 상징한다. 또한 그리스인들에게 있어서는 살아 있는 신화이며 고대와 현대 시대로부터 계속적으로 숭배를 받아 왔다.

• 고대 올리브 오일의 용도

고대에 올리브 오일은 몸과 머리털의 아름다움을 위해 사용되었으며, 또한 향기로운 약초, 꽃 혹은 향신료와 섞어 사용되기도 했다. 올리브 오일은 건강한 육체에 미적인 빛을 주었고 그와 동시에 근육에 특별한 보온 역할을 해주었다. 올리브 오일은 피부병 치료를 위한 찜질 약과 연고로도 사용되었다. 이 밖에도 요리할 때, 집과 사원에 불을 밝힐 때, 신들과 고인들을 위한 제물 그리고 대회의 수상품으로 이용되었다. 올림픽 대회의 우승자들에게 여러 병의 올리브 오일을 주었고, 달리기 대회의 우승자에게는 2.5톤의 최상급 올리브 오일을 수여했으며 올리브 오일을 팔고 수출할 수 있는 특권도 부여했다.

• 현대 올리브 오일의 용도

그리스인들은 1년에 1인당 22kg(60g/일)의 올리브 오일을 소비한다. 가정에서나 호텔 그리고 식당 등 그리스의 어디에서나 다른 지방 종류는 사용하지 않고 오로지 올리브 오일만을 사용한다.

3) 올리브 오일의 생산과 품질 관리

그리스에서 가장 중요한 생산품은 우리 모두가 알고 있듯이 올리브 오일이다. 크레타(Creta) 섬과 펠레폰네소스(Peloponnesos) 반도 인구의 절반인 35만 명이 넘는 사람들은 그들이 생산한 올리브 오일로 살아간다. 각종 오일 소비량의 80%를 올리브 오일이 차지하고 있으며, 그리스에는 2,800개의 올리브 오일을 압착하는 농가가 있고 약 220개의 포장 회사가 있다. 또 그리스 올리브 오일의 30%는 크레타 섬에서 생산되며, 26%는 펠레폰네소스 반도, 10%는 레스보스(Lesbos) 섬, 그리고 다른 10%는 이오니안(Ionian) 섬에서 생산되고 있다.

• 올리브의 수확

크레타(Creta) 섬에서 11월에 시작해서 2월에 끝나는 올리브 수확은 장기간에 걸쳐 이루어지고, 수확에 사용되는 기본적인 도구는 수세기 동안 변함이 없다. 올리브 나뭇가지를 가볍게 치기 위한 잘 휘어지는 나무 막대, 혹은 나무에서 조심스럽게 올리브들을 긁어서 나무 줄기 주위에 쳐진 그물에 떨어뜨릴 수 있는 갈퀴를 사용한다. 현재는 올리브를 수확하는데 더 현대적이고 물리적인 방법을 많이 사용하지만 아직도 예전의 방법으로 올리브 하나하나를 수작업으로 직접 따는 경우도 많이 있다.

• 올리브 오일의 압착 방법

올리브는 일단 특수한 재질로 만들어진 자루나 바스켓으로 모아서 가지와 잎을 제거하는 기계로 옮겨진다. 그 후에는 먼지를 제거하기 위해서 물로 세척한다.

과거 올리브 오일의 압착 방법은 올리브를 맷돌로 갈았다. 한 개, 두 개 때로는 세 개의 맷돌이 동물이나 인력에 의해 사용되었다. 말이나 종종 힘센 당나귀가 맷돌을 돌리는 데 쓰였고 올리브는 이러한 거대한 맷돌의 무게에 기름으로 짜여졌다. 이것은 많은 시간과 에너지가 요구되는 힘든 작업이었다.

현재의 올리브 오일 압착 방식은 두 가지 방법이 있는데, 하나는 전통적인 방법으로 맷돌을 사용하는 것이다. 하지만 작동은 기계가 하며 올리브는 강철 웅덩이에서 뭉개진다. 과육은 둥근 인조 필터를 사이에 두고 얇게 분류된다. 평방 ㎝당 압력이 250kg에서 400kg의 압력이 가해지는 하이드롤릭 프레스는 과육으로부터 오일을 압착하여 필터를 타고 물로부터 분리된 콘테이너로 오일이 흐르도록 한다. 두 번째 방법은 원심력을 이용한 것이다. 과육은 원심 분리기에서 엄청난 속도로 돌고 있으므로 올리브의 과육으로부터 오일을 분리시킨 후, 다시 원심 분리기에서 수분으로부터 분리를 시키면 100% 버진 올리브 오일이 생산된다.

올리브로부터 오일을 얻는 최고 수준의 기술은 시칠리아(Sicilia) 지역 방식이다. 많은 크레타 섬의 생산자들은 올리브 향이 변치 않도록 하고 품질을 최상으로 유지하는 것에 있어서 이 방법을 선호한다. 전통적인 방식으로 올리브를 짓눌러 얻은 과육을 작고 얇은 초승달 모양의 강철 날을 빠르게 회전시켜 페이스트 상태로 과육을 계속 자르며 오일을 채취한다. 저온 압착의 경우는 최대 온도인 100°F(28℃) 이하로 같은 온도를 계속 유지하여 생산한다.

• 올리브 오일의 품질 관리

올리브 오일을 생산하는 우량 업체들은 훌륭한 실험실과 전문가들을 갖추고 있고 적어도 한 회당 25가지 이상의 다른 샘플을 채취하여 분석하는 경우도 있다. 이러한 경우에 소비자들은 그들이 구입하는 오일의 품질이 보증되었다는 것을 확신할 수 있다.

4) 올리브 오일의 효능

엑스트라 버진(Extra virgin) 올리브 오일에는 인체의 보고 같은 고귀한 물질이 천연 상태로 다량 함유되어 있어 기원전 5000년부터 인류에게 매우 소중하게 여겨지며 예찬되어 왔다. 올리브 오일을 예찬하는 글귀가 많이 있는데 몇몇을 살펴보면 다음과 같다.

성경에서는 '감람 나무'라 칭하면서 각종 성스러운 의식에 사용되었고, 그리스 신화에서는 아테나(Athena) 여신의 인류에 대한 축복의 선물로 알려졌고, 고대 그리스 시인 호메로스(Homeros)는 올리브 오일을 '흐르는 금'이라 찬양하였으며, 근대 의학의 아버지인 히포크라테스(Hippocrates)는 올리브 오일을 위대한 건강 치료제라고 불렀다.

• 올리브 오일이 다이어트에 좋은 이유

올리브 오일은 콜레스테롤이 전혀 없고, 지방류 중에서는 최고급 식물성 지방인 단순 불포화 지방산을 다량 함유하고 있다. 또한 토코페롤(Tocopherols), 페놀(Phenols), 폴리페놀(Polyphenols), 스쿠알렌(Squalene)과 같은 항산화 물질과 탄화수소, 미량의 필수 미네랄도 함유하고 있기 때문에 건강과 다이어트에 좋다. 특히 단순 불포화 지방산은 혈중 콜레스테롤의 균형을 잡아 주는 역할을 하며, 다량의 항산화 물질은 혈관 벽의 산화를 지연시켜 주어서 인체에 골고루 좋게 작용하며 소화도 촉진시켜 준다. 올리브 오일은 다른 것에 비해 가격이 약간 비싸더라도 올리브 주스인 엑스트라 버진 올리브 오일을 섭취하는 것이 건강에 좋다. 지중해 연안 국가 사람들 사이에서 '올리브 오일 섭취는 소중한 가족의 평생 건강 보험에 가입하는 것과 같다.'라는 말이 있을 정도다.

• 올리브 오일이 인체에 미치는 효과

- 올리브 오일은 소화에 효과적으로 작용하고 위궤양에도 이로운 작용을 한다. 올리브 오일은 장으로 흡수가 매우 용이하여 순환·정화 작용을 한다.
- 올리브 오일에는 인간의 세포와 체내의 지질 중 최고급인 단순 불포화 지방산이 풍부하게 함유되어 있어서, 고품질의 지방산을 많이 필요로 하는 임산부나 태아에게 특히 좋으며 어린 성장기 아이들의 뼈 형성에도 큰 도움을 준다.
- 올리브 오일의 지질 성분은 모유 성분과 유사해서 태아와 유아들의 중추 신경계 발달에 가장 많은 영향을 미친다.
- 올리브 오일에 다량 함유되어 있는 항산화 물질은 뇌를 보호한다. 또한 노쇠 현상에 의해 기능이 저하되는 것을 지연시킨다.
- 올리브 오일에 함유된 비타민 E와 프로비타민 A는 유해한 햇빛과 광선으로부터 피부를 보호한다.
- 올리브 오일을 아침 공복에 한두 스푼 먹으면 변비에도 매우 효과적이다.
- 올리브 오일을 다량 섭취하는 지중해 지방에서는 특정 암(유방암, 자궁암, 피부암)의 발생률이 타 지역보다 매우 낮고, 크레타(Creta) 섬에서의 발생률은 지중해 지방보다 더욱 낮다.
- 올리브 오일은 혈관 관련 모든 성인병 질환(심장 질환, 고혈압, 당뇨병, 협심증 등) 예방에 효과적이다.

• 올리브 오일에 대한 연구 사례
(Prof. DR. Ancel Keys의 Seven Countries Study of Olive Oil)

1950년대 초반부터 시작된 많은 병리학자들의 연구에 의하면, 식이요법이 '심장 혈관 관련 질병'에 큰 영향을 끼친다는 결과가 나왔다. 특히 서양인의 사망 원인의 35%에 달하는 심근 경색증(Myocardium infarction)의 주 원인이 콜레스테롤임을 밝혀냈다.

이러한 연구 결과를 규명하기 위해 1956년 미국의 영양학자 안셀 키즈(Ancel Keys) 박사는 심장 관련 질병 사망률과 서구 7개국, 18개 지역의 식생활 및 영양분 섭취를 비교하기 위해 10여 년간에 걸쳐 연구를 진행하였다. 오늘날까지 그의 연구 결과와 업적을 토대로 하여 수많은 학자와 연구 기관들이 관련 연구를 이어 가고 있다.

7개국의 연구 결과에 따르면, 크레타인들은 심근 경색증과 심장 관련 질병을 갖고 있지 않았다. 이에 따라 크레타인의 식생활이 서구 사회에 센세이션을 일으켰고 미국과 서구 사회의 식생활 문화와 식용유 산업에 획기적인 영향을 끼쳤다.

이 연구의 대상국은 미국, 일본, 유고슬라비아, 이탈리아, 핀란드, 네덜란드, 그리스였다. 특히 그리스는 크레타(Creta) 섬과 관광 산업이 발달되어 식생활 패턴이 아주 다른 코르푸(Corfu) 섬을 대상으로 했다. 10여 년간의 연구 결과는 다음과 같다.

우선 남유럽과 일본 사람들은 북유럽 사람들보다 더 오래 살 확률이 높고, 크레타 섬 사람들이 남유럽 지중해 국가나 일본 사람들보다도 사망률이 월등히 낮다는 결과가 나왔다. 또한 심장 관련 질병 사망률과 콜레스테롤 수치의 관계가 너무 밀접해서 이것을 확실한 생물학적 근거로 볼 수 있다는 것이다. 이 실험의 연구 대상자는 1만 명이었는데 심장 관련 질환자가 핀란드에서는 466명, 미국에서는 424명, 다른 지중해 국가에서는 184명이었으나 매우 놀랍게도 크레타 섬은 9명에 불과했다.

이 연구 이후 700명의 크레타 섬 주민을 정기적으로 의료 검진한 결과, 크레타 섬 주민들은 심장 질환이나 암에 의한 사망률이 타 지역 거주자들보다 월등히 낮다는 결과를 얻었다. 즉 다른 서구 국가들보다 심근 경색증(Myocardium infarction)이 20배나 낮고, 이탈리아인들 보다는 12배가 낮고, 암에 의한 사망률도 평균 2~3배 낮다는 결과가 나왔다.

크레타 대학의 국민건강연구소가 처음 연구를 시작한지 31년 후인 1991년에 초기 실험 대상자들을 확인해 본 결과, 50%의 크레타인들은 생존해 있었지만 핀란드인들은 모두 사망했다는 것을 알 수 있었다. 이것은 크레타인들이 올리브 오일을 더 많이 섭취하고 신선한 과일과 야채를 많이 섭취하기 때문인 것으로 밝혀졌다.

5) 올리브 오일의 성분 요소

• 올리브 오일에 함유된 지방산

- 오메가 9 올레인산(Omega 9 oleic, 63~83%)
- 팔미트산(Palmitic, 7.0~17%)
- 팔미트올레인산(Palmitoleic, 0.3~3.0%)
- 오메가 6 리놀렌산(Omega 6 Linolenic, 3.5~14%)
- 스테아르산(Stearic, 0.5~5.0%)
- 오메가 3 리놀렌산(Omega 3 Linolenic, 0.01~1.5%)
- 미리스트산(Myristic, 0.0~0.1%)
- 아리칸산(Arachidic, 0.0~0.8%)

• 올리브 오일의 다른 성분 요소

- 토코페롤(Tocopherols, 150~170mg/kg) : 비타민 E 함량이 뛰어나다. 유해한 LDL(Low Density Lipoprotein) 콜레스테롤을 낮춰 몸을 보호해 준다.

- 페놀(Phenols), 폴리페놀(Polyphenols), 페놀산(Phenolic Acids) : 중요한 산화 방지제, 노화 방지제 효과를 내며, 고온의 햇빛으로부터 보호해 준다.
- 스테롤(Sterols)과 베타 시토스테롤(β-Sitosterol) : 올리브 오일에서만 찾을 수 있다. 내장이 음식의 콜레스테롤을 흡수하는 것을 막아 주는 매우 중요한 역할을 한다.
- 하이드로카본(Hydrocarbons), 스쿠알렌(Squalene), 베타 카로틴(β-carotene) 등 : 이 성분도 역시 산화 방지제, 노화 방지제 효과를 내며, 최근 연구에 의하면 스쿠알렌의 경우 유방암의 발생을 줄이고 나아가 다른 각종 암의 발생률을 줄여 준다.
- 테르페닉 알코올(Terpenic Alcohols) : 담즙 생산량을 늘려 콜레스테롤이 높아지는 것을 방지하는 효과가 있다.

• 올리브 오일의 색소 성분

- 베타 카로틴(β-carotene)
- 알파 클로로필(α-chlorophyll)
- 베타 클로로필(β-chlorophyll)

위의 요소들은 신진대사, 세포 재생 그리고 상처 치료에 좋은 효과를 거둔다.

제4장
캐비아(Caviar)의 역사적 배경

1) 캐비아의 역사와 종류

세계 3대 진미의 하나이자 예로부터 지위와 부의 상징이 되어 온 귀한 식재료 캐비아(Caviar)는 검고 작은 알알이 반들거리는 것이 우리의 눈과 입을 자극한다. 캐비아는 카스피해와 흑해 볼보강 등에서 서식하는 철갑상어의 알을 소금에 절인 것으로, 그중 카스피해산을 최상품으로 여긴다.

철갑상어를 잡아 살아 있을 때 알을 꺼내 손으로 씻고 물기를 제거한 뒤 알의 크기와 색, 맛, 향에 따라 나눈다. 이 알을 소금에 절여 맛을 내는 과정을 거쳐 캐비아가 만들어진다. 특히 철갑상어를 잡을 때 자칫 철갑상어에게 강한 충격을 주거나 상처를 입히면 알이 죽거나 고약한 냄새가 나며, 소금에 절일 때도 소금의 양에 따라 맛이 완전히 달라질 수 있기 때문에 캐비아를 얻기까지 모든 과정 하나하나에 전문가의 세심한 손길이 필요하다.

캐비아는 푸아그라(Foie gras), 트러플(Truffle ; 송로 버섯)과 함께 세계 3대 진미로, 서양 요리의 보석이자 흑진주로 불린다. 자연이 준 최고의 음식인 캐비아에 대한 인류의 사랑과 예찬은 고대부터 시작됐다.

고대 이집트에서는 사랑과 명예의 상징으로 여겼으며, 중세 유럽에서는 황실과 교황청의 정식 메뉴로 지정되었고, 러시아에서는 황실 소속 어부의 세금을 철갑상어로 받을 정도였다고 한다. 그리고 우리가 잘 알고 있는 태양왕 루이(Louis) 14세도 러시아에서 나는 철갑상어를 궁정에까지 운송해 먹었다고 전해진다. 캐비아를 이야기할 때 빠지지 않고 나오는 재미있는 내용 중 하나는 이것을 가장 섹시한 음식으로 평가한다는 것이다. 캐비아를 먹는 것이 마치 성교를 하는 것과 흡사하다는 이야기도 있고, 페르시아의 시에는 캐비아가 최음제로 등장하기도 한다. 아직 캐비아의 매력을 느껴 보지 못한 이들에게는 전적으로 공감할 수 없는 내용일 수 있겠지만 알 하나하나의 볼륨 있는 모양과 독특한 풍미로 그 매력에 빠지게 하는 캐비아의 진면모를 알게 된다면 이 값비싸고 진귀한 음식에 마음이 빼앗길 것이다.

서양에서는 일반적으로 청어알, 연어알, 대구알 등 염장한 모든 생선의 알을 통칭해 캐비아(Caviar)라고 부른다. 고가의 철갑상어의 알을 특별히 '블랙(Black) 캐비아' 또는 '스터전(Sturgeon) 캐비아' 라고 구분하는데, 이런 캐비아는 워낙 비싸고 구하기도 힘들다. 미국 식품의약청(FDA)에서는 워낙 유사품이 많아서 철갑상어 알만을 캐비아로 부르도록 규정하고 있다.

훈제 연어와 함께 올려져 있던 검은색과 붉은색의 알이 캐비아다. 그러나 이 중에서 제대로 된 캐비아는 아주 드물고 다른 생선알에 착색을 해 마치 캐비아처럼 보이게 한 것이 대부분이라고 한다. 진짜 캐비아는 입에 넣으면 혀 위에서 부드럽게 톡 터지면서 육질을 느낄 수 있어 그야말로 혀가 호사를 누리고 있다는 느낌을 강렬하게 받게 된다.

캐비아는 철갑상어의 종류에 따라 크게 벨루가(Beluga), 오세트라(Ossetra), 세브루가(Sevruga), 마로솔(Molossol)의 4가지로 분류하는데 알이 크고, 크기와 색깔이 균일하고 윤기가 흐르며, 둥근 면이 부드러울수록 좋은 캐비아이다. 이 외에도 여러 종류의 캐비아가 있다.

우선 벨루가(Beluga)는 지름이 2.8~3㎜로 캐비아 중에서 가장 크기가 크다. 벨루가 철갑상어에서 얻어지며 보통 약 15년 정도 성장해야 캐비아를 만들어 낼 수 있다. 검은

회색 또는 은회색을 띠며 특별한 냄새는 없다. 알이 크고 철갑상어가 오랜 기간 성장해야 얻을 수 있기 때문에 캐비아 중 가장 비싸다.

오세트라(Ossetra)는 일반적으로 가장 많이 먹는 것으로 시베리아 철갑상어, 베스테르 철갑상어, 러시아 철갑상어, 쉽 철갑상어에서 얻는데 약 7년 이상 성장하면 캐비아를 생산할 수 있다. 지름은 2.5~2.8㎜ 정도로 어두운 녹색과 갈색을 띤다.

세브루가(Sevruga)는 알 크기가 가장 작은 스타레드 철갑상어에서 얻는데 약 7년 이상 성장해야 캐비아를 생산하며, 특이한 냄새와 맛을 가지고 있다. 단백질과 지방이 많은 것도 이 캐비아의 특징이다.

마로솔(Molossol)은 일반적인 캐비아이며 소금이 덜 첨가된 것이 특징이다.

2) 캐비아 먹는 방법과 보관법

특별한 것일수록 뭔가 특별한 대우가 필요한 법이다. 캐비아(Caviar)는 최고의 식재료로 인정받고 있고 자연 그대로의 맛을 가졌다고 자부하는 만큼 절대 함부로 다루어서는 안 된다. 캐비아는 재료 자체의 성격이 아주 예민하여 어떤 압력을 가하지 않아도 그 탱탱한 알이 한순간에 뭉그러질 수 있고, 엉겨 붙을 수도 있다. 잘 다루어야 캐비아만이 갖고 있는 독특한 풍미, 입안에서 기분 좋게 터지는 바다의 맛을 느낄 수 있다.

그렇다면 이 특별한 재료인 캐비아는 어떻게 무엇으로 다루어야 할까? 캔이나 병 제품으로 된 통조림 상태의 캐비아를 개봉했을 때 그 모습 그대로, 그 맛 그대로를 지키는 것이 가장 중요하다. 다른 식재료처럼 볶거나 끓이거나 하는 등 조리 과정은 되도록 피하고 통째로 내거나 조금 덜어 다른 재료 위에 올려 그 자체의 맛을 즐기도록 하는 것이 좋다. 캐비아를 먹을 때는 스푼이나 나이프 선택 또한 매우 중요하다. 은이나 스틸 등 쇠붙이로 된 것을 사용해서는 절대 안 된다. 그 도구들이 캐비아의 질을 떨어뜨리기 때문에 자개나 뼈 종류로 만든 것을 준비하는 것이 가장 좋으며 그것을 준비하지 못한

다면 나무나 플라스틱을 이용해도 좋다. 캐비아를 캔이나 병 그대로 서빙할 경우에는 고급스러움이 돋보이도록 보통 은으로 된 볼에 얼음을 채워 캐비아를 올려 낸다.

캐비아(Caviar)는 소금에 절인 식재료이기 때문에 금속 캔에서는 6주 정도, 유리병에서는 8주 정도 얼리지 않고 보관할 수 있다. 물론 캐비아를 가장 맛있게 먹기를 원한다면 구입하자마자 바로 먹는 게 좋다. 부득이하게 며칠 동안 보관해야 한다면 냉장고에 그리고 냉장고에서도 가장 온도가 낮은 곳에 두어야 하며, 보관 기간은 되도록 3주를 넘지 않는 것이 좋다. 그렇다면 캐비아를 냉동실에 넣어 얼리면 좀 더 오랫동안 보관할 수 있지 않을까라는 의문이 드는데, 이럴 경우 캐비아가 질겨지고 딱딱해지므로 피하는 것이 좋다. 그러나 구입 후 오랫동안 먹을 계획이 없다면 얼리는 것이 나은데 이렇게 얼린 캐비아는 먹기 전 냉장고에서 24시간 이상 천천히 녹인 후 꺼내야 한다. 단 캐비아의 보관은 뚜껑을 열기 전에만 가능하다는 것을 명심해야 한다. 캐비아의 가장 큰 적은 산소이기 때문에 일단 뚜껑을 연 캐비아는 2일 이내에 먹어야 한다. 보통 30g 정도를 구입하면 혼자 두 번 정도 나누어 먹기 알맞다.

캐비아를 먹을 때는 얼음을 넣은 용기 위에 살짝 얹어서 차갑게 해서 먹어야 하며, 남은 캐비아는 즉시 냉장고에 다시 넣어 두어야 한다. 캐비아는 차가운 냉기를 잃기 시작하면 맛과 질감이 변질되기 때문에 보관할 때도, 접대할 때도 차가운 온도를 유지시켜야 한다. 캔이나 병에 담겨 있는 캐비아를 꺼내지 않고 그냥 먹을 때는 그 자체를 얼음에 올려놓고 먹어야 하며 덜어서 용기에 담아 낼 경우는 아래쪽에 얼음을 채운 캐비아 전용 용기를 이용하는 것이 좋다. 이렇게 차가운 상태를 유지해야 하기 때문에 캐비아는 전채 요리에 많이 사용하며 다른 요리 위에 가니쉬로 사용할 경우에도 신선도를 유지하기 위해 서빙하기 바로 전에 곁들이는 것이다.

3) 캐비아 맛 즐기기

캐비아의 맛을 제대로 느끼고 싶다면 우선 캐비아를 숟가락으로 조금 떠 입안에 넣고 혀와 입천장을 살짝 부딪치도록 해 알 하나하나를 부드럽게 터뜨려 그 원초적인 맛과 향이 입안 가득 서서히 퍼지도록 한다. 그런 다음 그 느낌을 천천히 음미해 본다. 마치 바다 내음이 입안 가득 들어온 듯한 기분을 느낄 수 있을 것이다.

처음 캐비아를 접하는 사람에게는 이런 캐비아의 독특한 풍미가 그다지 입맛에 맞지 않을 수도 있다. 그러나 캐비아와 잘 어울리는 음식에 곁들여 몇 번 먹다 보면 어느새 캐비아의 매력에 푹 빠져 있는 자신을 발견할 것이다.

캐비아는 삶은 달걀의 노른자와 흰자, 다진 버섯처럼 캐비아의 맛을 그대로 살려 줄 정도의 연한 맛과 색을 내는 재료들과 잘 어울리는데, 이들 재료로는 아보카도, 레몬, 토마토, 오이, 당근 등이 있다. 또한 아주 약한 단맛이 나고 수분이 있는 밀전병과 블리니, 크래커, 바게트 빵 위에 올려 먹어도 좋으며 얇게 저민 훈제 연어와 철갑상어나 송이 버섯 등과도 어울린다. 여기에 버터나 사워 크림을 살짝 발라 먹는다면 더욱 색다른 맛을 느낄 수 있을 것이다.

(1) 캐비아와 잘 어울리는 술

캐비아와 잘 어울리는 술은 샴페인과 보드카가 대표적이다. 보드카는 앱솔루트 오리지날(Absolut Original), 앱솔루트 시트론(Absolut Citron), 벨베디어(Belvedere) 등이며, 샴페인은 케이프멘텔(Capementelle), 크루그(krug), 라 그랑 담(La Grande Dame) 등이 있다.

(2) 캐비아 요리 소개

1 캐비아와 훈제 연어를 곁들인 브루스케타 요리

준비 재료

- 바게트 빵 1조각
- 캐비아 1ts
- 레몬 1조각
- 훈제 연어 50g
- 사워 크림 1/2Ts
- 바질 페스토 1ts
- 다진 파슬리 약간
- 케이퍼 약간
- 딜 약간
- 다진 양파 약간

조리 방법

① 바게트 빵을 두께 1cm 정도로 자르고 그 위에 사워 크림과 다진 파슬리, 다진 양파를 섞어 올린다(브루스케타는 바게트 위에 캐비아 등 식재료를 올려서 먹는 이탈리아식 요리이다).

② 훈제 연어를 슬라이스하여 ①의 바게트 빵과 사워 크림 위에 올리고 바질 페스토를 얹는다.

③ 레몬 슬라이스와 케이퍼를 올리고, 마지막에 캐비아를 올린 뒤 딜을 꽂아 장식하고 서빙한다.

❷ 캐비아를 곁들인 관자 구이와 바닷가재 요리

준비 재료

- 관자 1개
- 바닷가재 1마리
- 캐비아 30g
- 아스파라거스 2개
- 사프란 소스 약간
- 소금·후추 약간
- 올리브 오일 약간
- 허브 잎 약간

조리 방법

① 관자는 소금, 후추로 간하고 달군 팬에 관자를 앞·뒤로 갈색이 나도록 구운 후 200℃의 오븐에서 30초 정도 익힌다.

② 바닷가재는 끓는 물에 소금을 넣고 약 3분 정도 빨갛게 색이 변할 때까지 익힌다.

③ 아스파라거스는 데치고 찬물에 식혀서 팬에 올리브 오일을 넣어 뜨겁게 굴려 놓는다.

④ 가리비 껍데기 혹은 작은 접시에 구운 관자를 올리고 아스파라거스를 X 자 모양으로 얹은 후 사프란 소스를 뿌린다. 맨 위에 캐비아를 1/2Ts 정도 올린다. 익힌 바닷가재도 함께 곁들여 낸다. 그리고 캐비아를 곁들여 먹을 수 있도록 얼음 위에 남은 캐비아를 올려 서빙한다.

제5장
이탈리아 요리 관련 유용한 정보

1) 이탈리아 파스타 레스토랑 창업 사례

(1) 사업 개요

1 상호명 : 다빈치 레스토랑

다빈치 레스토랑은 레오나르도 다빈치(Leonardo da Vinci)가 창안한 황금 비율에서 따온 이름으로, 자유 분방한 예술적 독창성을 요리에 적용시켜 레스토랑을 찾는 고객에게 즐거움과 행운을 준다는 뜻의 상호이다.

2 사업 계획서 작성일 : 2018년 4월 1일

3 경영 이념

다빈치 레스토랑은 스파게티 전문점으로, 다양한 소비 계층의 욕구에 부합하는 국내 브랜드로 키우고자 한다. 브랜드를 앞세운 외국계 패스트푸드점이 강력히 뿌리내리고 있는 국내 시장 환경을 고려해 보면 브랜드 성장에 어려움이 따르리라는 것은 예견된 일이지만 분명 다빈치라는 상호명처럼 자부심을 잃지 않도록 할 것이다.

① 이탈리아 정통 파스타와 리소토의 대중화
- 믿을 수 있고 정통성 있는 맛있는 요리
- 소량의 아이템으로 최고의 품질 제공
- 세트 메뉴 개발

② 정성스런 서비스
- 빠른 서비스와 특급 호텔 수준의 품질
- 고객을 최고로 모시는 직원을 최고로 우대
- 안락한 분위기 제공

③ 런치 메뉴를 구분
- 저렴한 가격
- 바쁜 시간대의 빠른 식사 제공
- 특별 메뉴 개발

4 사업 배경

유럽풍의 독특한 분위기와 맛을 좋아하는 신세대의 입맛을 사로잡는 이탈리아 음식을 맛볼 수 있는 레스토랑이다. 이미 우리나라의 외식 산업은 포화 상태에 들어서면서 외식 업체들이 시장에서 살아남기 힘든 상황이다. 따라서 이탈리아 전통 음식인 스파게티 전문점들과 이탈리안 패밀리 레스토랑이 속속 등장하고 있는 가운데 그들과는 차별화된 메뉴와 전략으로 신세대뿐만이 아닌 30~40대 중·장년 층까지 두루 좋아할 수 있는 이탈리아 음식의 깔끔한 맛을 선보일 것이다.

5 전체 매장 콘셉트

오픈 키친 형태의 레스토랑은 고객이 조리 과정을 직접 볼 수 있도록 주방을 개방시켜 그 앞의 카운터를 식탁으로 하여 음식을 제공하는 식당을 말한다.

이런 형태의 식당은 고객이 직접 조리 과정을 지켜보기 때문에 고객의 불평이 적고, 위생적이고 신속하게 음식이 제공되며, 많은 서비스 인원을 필요로 하지 않는 것이 특징이다. 저렴한 가격은 물론 팁을 주지 않아도 되며, 조리장을 객석에서도 볼 수 있어 주문한 요리가 조리되는 것을 보며 고객이 지루함을 느끼지 않도록 한다. 또한 오픈 키친 형태는 음식을 만드는 사람 사이의 자유로운 커뮤니케이션을 목적으로 한다.

이와 같은 오픈 키친 형태의 매장은 주말을 이용한 가족의 외식 공간으로도 발전할 수 있을 것으로 본다.

6 메뉴 콘셉트

◈ 메뉴 (MENU)

◈ 전채 (샐러드)

◆ Antipasti or Salad(전채 또는 샐러드) 9,000원

– 햄, 새우, 여러 가지 야채 모듬 샐러드
(Ham, Shirimp, Vegatable salad)

◆ Caprese Mozzarella(카프레제 모짜렐라) 9,000원

– 모짜렐라 치즈와 신선한 토마토, 바질,
발사믹 소스로 만든 전채 요리
(Mozzerlla cheese, Fresf tomato, Basil, Vinegar dressing)

◆ Prosciutto Melon(프로스우토 멜론) 10,000원

– 멜론과 햄 야채가 어우러진 전채

◆ Seafood salad(해산물 샐러드) 12,000원

– 다양한 해산물과 신선한 야채로 어우러진 샐러드

◆ Lnsalata mista(다빈치 샐러드) 7,000원

– 신선한 야채와 과일로 맛을 낸 샐러드

◈ Spaghetti (스파게티)

◆ Spaghetti alle vongole(봉골레 스파게티) 11,000원

– Spaghetti agaic with a short necked clam and Whaite wine or olive sauce

◆ Spaghetti alle carbonara(카르보나라 스파게티) 11,000원

– spaghetti tossed with a short necked clam and meat in white wine or ceame sauce

◆ Spaghetti tomato sauce(토마토 소스 스파게티) 10,000원

– spaghetti tomato sauce

◆ Spaghetti al Gamveronl(seafood)(해산물 스파게티) 12,000원

– with shrimp prawn and cream sauce

◆ Spaghetti cream sauce(크림 소스 스파게티) 10,000원

– onion, garlic white cream sauce

◆ Spaghetti alfredo(알프레도 스파게티) 11,000원

– soft cream onion mushroom and cream mushroom sauce

◆ Lasagna al meat and tomato(고기와 토마토 라자냐) 12,000원

– Home made A generous portlon lasagna smothered with cheese and tomato

◈ Dessert (디저트)

◆ Tirmise(티라미수) 6,000원
– 에스프레소와 치즈를 곁들인 이탈리아 전통 치즈 케이크

◆ Cheese cake(치즈 케이크) 6,500원
– 스트로베리 소스를 곁들인 치즈 케이크

◆ Davinci pudding(푸딩) 6,000원
– 바닐라 아이스크림을 얹은 푸딩 케이크

◆ Ice cream(아이스크림) 5,000원
– 모듬 아이스크림

★ 마늘빵 무료 제공

◈ Coffe and Tea (커피와 차)

◆ Caffe Espresso(카페 에스프레소) 5,000원
◆ Caffe Macchiato(카페 마키아토) 4,000원
◆ Cappuccino(카푸치노) 4,000원
◆ Caffe Latte(카페 라테) 3,500원
◆ Le tea 4,000원
◆ Lemonaid(레모네이드) 4,000원
◆ Coca cala(콜라) 3,000원

7 인테리어 콘셉트

다빈치 레스토랑의 전체적인 인테리어를 보면 하얀 벽에 작은 그림과 베네치아(Venezia) 전경이 담겨 있는 흑백 사진을 걸어놔 흑백의 조화를 살렸으며, 각 테이블 마다 작은 촛대를 놓는 등 화려한 치장보다는 심플한 이미지의 이탈리아 레스토랑 분위기를 연출하고 있다. 또한 테이블클로스(Tablecloth)는 봄과 여름에는 하얀색을, 겨울에는 와인색을 깔아 계절감과 함께 변화하는 모습을 보여 준다.

8 마케팅 콘셉트

개업 후 1개월은 마케팅을 위한 기간으로 한다.

- 영업 개시 14일 전 프래카드 설치, 3일 전 전단을 2~3회 배포한다.
  오픈 후 1개월까지 여러 번 전단을 배포한다(롤러 작전).
- 할인권을 만들어 1달간 적극적으로 판촉을 한다.
- 영업 개시 1개월 후부터는 1달간 고객 관리를 위한 고객 카드를 발급한다.
- 홍보 측면에서 점심시간 할인을 적용하고 이탈리아 요리 시연회를 연다.
- 기술적 측면에서 개방형 주방을 도입한다.

SWOT 분석

강점(Strength)	약점(Weakness)
• 과학적 레시피 관리 • 선진 경영 기법 • 최상의 서비스 • 쾌적한 환경과 분위기 • 매장 확대 노력과 퍼미션 마케팅 • 전문화, 차별화, 고도화	• 유사 콘셉트의 브랜드들이 몰려 있다. • 브랜드 인지도가 낮다. • 아웃소싱을 채택하기 힘들다.
기회(Opportunity)	**위협(Threat)**
• 소득의 증가에 따른 외식 동기의 증가 • 전략적 제휴 • 식생활의 서구화 • 주 5일 근무제로 인한 외식 기회 증대 • 맞벌이 부부 증가 • 가정 대용식 시대 • 유동 인구 증가	• 구조 조정과 기업 퇴출 여파로 인한 저성장, 고물가, 고실업률 경기 침제 상황 • 잠재 시장들의 진입 • 중저가의 패스트푸드 • 건강 지향적이고 스트레스 해소를 위한 기능성 매장 진입 • 전통적이고 복고적 상품 증가

① 가격(Price)

시장에서의 성공을 위한 가격 전략을 제시하면 아래와 같다.

- 첫째 : 가격은 객단가 10,000~12,000원
- 둘째 : 런치 메뉴는 8,000~10,000원
- 셋째 : 저녁 메뉴는 10,000~12,000원을 기본으로 전략을 구사한다.

현재 원가(Food Cost)가 22%로 되어 있는 상품을 10~30%로 다양하게 개발하여 차별화를 추진함과 동시에 수익 구조를 개선시킨다. 특히 수익 구조에 맞는 메뉴의 질(Food Quality) 유지를 위해 노력한다.

② 판매 촉진(Promote)

- 충성도가 높은 고객을 확보하기 위한 고객 회원제 도입(마일리지 적립 카드 발급)
- 영화 할인, 놀이공원 할인 등 고객 회원 확보를 위한 각종 마일리지 혜택 부여
- 계절에 따른 매출의 변동을 최소화 하기 위하여 계절별 이벤트 행사
- 다빈치 레스토랑 만의 즉석 복권 증정
- 런치 메뉴 저가로 판매

③ 유통(Place)

- 가맹점과 계약을 맺고 대량 구매 시스템을 갖춰 저가로 구매
- 건강을 중시하는 사회 분위기를 반영, 유기농 파스타 상품 개발
- 창고를 활용한 1일 1배송 시스템 구축

④ 제품(Product)

- 건강을 중시하는 사람들을 위한 셰프(Chef) 웰빙 메뉴 개발
- 어린이를 위한 파스타 요리 개발
- 직장인의 고정된 런치 메뉴 개발(Take-away)
- 가족 행사나 특별한 날을 위한 패키지 상품 개발

9 인력 운영 계획

① 인원 계획

구 분	
주방	홀(F/B)
주방장 1명	카운터 겸 웨이트리스 1명
조리사 1명, 조리 보조 1명	웨이트리스 1명
상황에 따라 아르바이트 채용	

② 조직 구성 계획

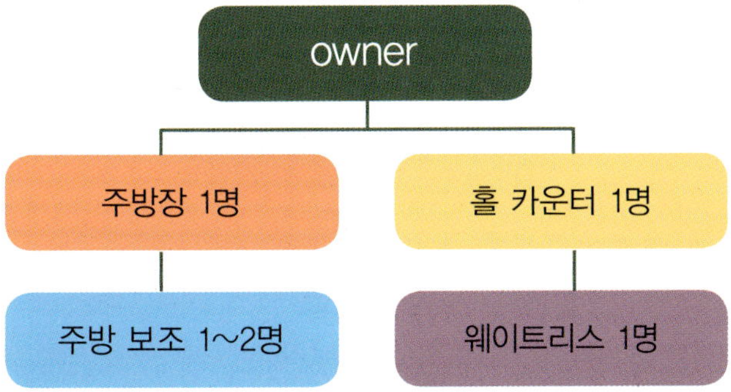

③ 채용 계획

모집 직종	인 원	연 령	채용 기간
주방장(5년 이상)	1명	30세 이상	개점일 45일 전
조리사 및 조리 보조(1년 이상)	1~2명	30세 이하	개점일 30일 전
웨이트리스(1년 이상)	1명	21~25세	개점일 15일 전
카운터 겸 웨이트리스(1년 이상)	1명	21~25세	개점일 15일 전
상황에 따라 아르바이트 채용			

10 운영 방식

① 오너 직접 운영 체제

② 테이블 서비스 스타일

테이블 서비스는 쾌적하고 온화하며 부드러운 분위기 속에서 특징이 있는 질 높은 요리를 신속하고 안전하게 전달, 고객 욕구를 충족시켜 주는 서비스이다. 레스토랑 성격이나 요리 특징에 따라 서비스 형식이 채택된다. 다빈치 레스토랑은 손님 앞에서 직접 요리하는 모습을 보여 주는 즉석 서비스 형태이다.

③ 영업 일수 : 월 정규 휴일 1일

11 레스토랑 시설

점포 계획

구 분	내 용	비 고
평수	35평	
주방 면적	10평	
화장실	5평	
테이블 수	7개 테이블(1개 테이블 – 4인석)	
주차장	공용 주차	

12 입지 분석

상권 조사

내 용	세부 사항
통계 자료 조사	– 인구, 세대 수, 가족 구성원 수, 유동 인구
상권 규모 파악	– 고정 고객(주거 인구, 유동 인구) – 주간 상권 및 야간 상권 파악 – 유동 상권 파악
통행 인구 분석	– 성별, 연령별, 시간대별(오전/오후) – 통행 인구 수준 파악
경합 점포 조사	– 매장 구성, 가격, 매출, 이용 고객

인구 통계

세대 수	총 인구	총 인구(남)	총 인구(여)	인구 밀도	면 적	세대당 인구
113,311	348,767	177,594	171,173	4,871	7,160	3.1

다빈치 레스토랑을 운영하고자 하는 이곳은 위의 표와 같이 지역의 인구 밀도가 높으며, 신도시 개발 지역으로 아파트가 집중적으로 위치해 있다. 전방 1km에는 고등학교와 백화점, 금융 지역이 밀집되어 있어 주 고객층인 고정 고객과 유동 고객을 함께 확보 할 수 있는 지리적 입지를 갖췄다.

- 고정 고객 : 인근 주변 주민과 샐러리맨 고객을 확보한다.
- 유동 고객 : 도로 등 교통의 접근성이 유리하고 통행이나 주차가 편리하여 인근 주변의 유동 인구가 많으므로 일반 손님이나 쇼핑을 하고 나서 식사하는 고객을 확보한다.
- 외식 빈도 : 직장인과 인근 유동 고객이 자주 왕래하므로 외식 빈도가 높다.
- 교육 수준 : 초대졸 이상
- 경제 수준 : 월 수입 150~200만 원 이상 정도
- 버스 정류장, 금융권, 영화관 등 다수의 접객 시설이 있는 동선 안쪽에 자리 잡아 목이 괜찮다.
- 기존 점포는 일반 한식 전문점이나 패밀리 레스토랑이 많으나 아직 이 부근에는 파스타 전문점이 없으므로 다른 상권보다 차별화된 레스토랑이다.
- 시간대는 오전보다 점심과 저녁이 손님이 많이 찾는다.

13 가격

– 샐러드 : 기본 10,000원 안으로 가격을 정한다.

– 파스타 : 10,000~12,000원으로 시장성에 적합한 가격 전략을 구사한다.

– 디저트 : 6,000원 정도로 정한다.

14 수익 분석(실례)

– 객단가 : 12,000원

– 방문자 수(일) : 100명

– 근무 일수 : 340일

– 총 매출 : 408,000,000원

– 할인, 서비스 : 20,400,000원

– Cost Sales : 89,760,000(22%)

– 총 이익 : 297,840,000원

– 운영 비용 : 164,989,600원

– 세전 순이익 : 132,850,400원

– 원년 초기 투자비 : 650,000,000원

– 10년 후 총 이익 : 1,090,502,066원

– 원년 초기 투자비(가정) : 650,000,000원

– 이 프로젝트 순 현재 가치 : 440,502,066원

2) 파스타의 종류

(1) 페투치니 : Fetticcine
(2) 링귀네 : Linguine
(3) 엔젤 헤어, 카펠리니 : Angel hair, Capellini
(4) 스파게티 : Spaghetti
(5) 베르미첼리 : Vermicelli
(6) 마니코티 : Manicotti
(7) 엘보우 마카로니 : Elbow macaroni
(8) 와이드 에그 누들 : Wide egg noodle
(9) 지티 : Ziti
(10) 로티니 : Rotini
(11) 라디아토레 : Radiatore
(12) 오르조 : Orzo
(13) 알파벳 : Alphabet
(14) 루오테 : Ruote, Wagon wheels
(15) 리가토니 : Rigatoni
(16) 펜네 : Penne, Mostaccioli
(17) 콘길리에 : Conchiglie Medium shells
(18) 디탈리니 : Ditalini
(19) 파르펠레 : Farfalle, Bow ties
(20) 라자냐 : Lasagna
(21) 푸실리 : Fusilli
(22) 미디엄 에그 누들 : Medium egg noodle
(23) 점보 쉘 : Jumbo shells

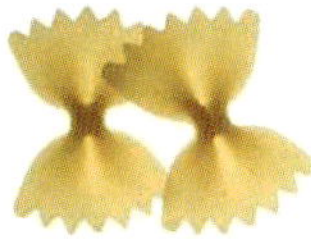
Farfelle

Fetticcine

Fregula

Fusilli

Fusilli col Buco

Fusilli Napoletani

Gemelli

Gigli

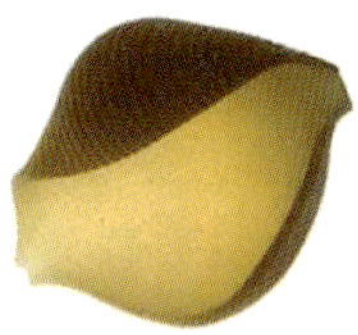
Jumbo shells

3) 이탈리아 요리 주문 방법

이탈리아의 식당에 가서 종업원이 내미는 메뉴판을 보면 알 수 없는 이탈리아어로 가득 차 있어 당황하게 된다. 그러나 이탈리아 음식의 먹는 순서를 알면 무난히 이탈리아 요리를 즐길 수 있다.

우선 종업원은 메뉴를 갖다 준 후 어떤 음료를 마실 것인지를 묻는데 우리나라와 달리 물을 사 마셔야 하므로 기본적으로 물이나 콜라 등의 음료를 주문하는 것이 첫 번째 순서인 셈이다. 물을 주문한 후에는 메뉴를 살펴보기로 하자.

메뉴의 내용을 자세히 보면, 여러 단원처럼 나뉘어 있는데 매 단원의 윗부분에 굵은 글씨로 ANTIPASTI, PRIMI PIATTI, SECONDO PIATTI, DA BERE, DESSERT 등이 표기되어 있다. 여기서 ANTIPASTI는 '전채 요리'를 가리키는 말로 식사 전 입맛을 돋우기 위해 먹는 음식이다. 전채 요리의 대표적인 요리로는 브루스케타(Bruschetta)라는 요리가 있으며 이 요리는 빵을 구운 후 그 위에 토마토, 캐비아 등의 재료를 얹어 나오며 재료에 따라 다른 이름을 갖고 있다. 두 번째로 PRIMI PIATTI가 있는데 이는 '첫 번째 접시'라는 뜻으로 우리에게 널리 알려진 스파게티(Spaghetti)와 라자냐(Lasagna) 등이 대표적인 요리라 할 수 있다. 다음으로 본 요리인 SECONDO PIATTI가 있는데 이는 '두 번째 접시'라는 뜻을 가지고 있다. 주로 이탈리아인들은 본 요리로 비스테카(Vistecca)를 먹으며 이는 스테이크의 이탈리아식 명칭이라 할 수 있다.

위에서 설명한 3가지가 이탈리아 요리의 정식 순서로 이탈리아 식당의 메뉴에서 항상 볼 수 있는 것들이며 이탈리아 식사의 순서이다. 그러나 옛날과 달리 요즘은 이 세 접시의 요리를 모두 주문하지 않고 전채 요리와 본 요리 혹은 첫 번째 접시와 본 요리, 그리고 샐러드 한 접시를 시켜 먹는 것이 보통이다. 이 외에 DA BERE, DESSERT 등은 메뉴판에 다르게 표현될 수도 있으며 그 뜻은 마실 것, 즉 음료와 후식을 뜻한다.

또한 식당마다 다르긴 하지만 LIQUORI, VINI라는 단어가 메뉴에 적혀 있는데 여기서 LIQUORI는 와인과 맥주를 제외한 비교적 알코올 도수가 높은 술들을 말한다. 포도를 증류하여 만든 술인 그라파(Grappa)가 대표적이며 각 지방의 특색 있는 술들이 여기에 포함된다. VINO는 와인을 가리키는 이탈리아 말로 식사와 곁들여 마시게 된다.

이탈리아 요리에는 위에서 설명한 것과 같이 순서가 있으며 만일 여러분이 식당에 가게 되면 전채 요리와 본 요리 혹은 첫 번째 접시와 본 요리 혹은 세 접시 모두를 시키는 것이 어느 정도의 에티켓이라 할 수 있다.

4) 식당에서 지켜야 할 사항

우리가 식사 중에 지켜야 할 기본적인 예절이 있듯이 이탈리아의 식당에서도 꼭 지켜야 할 사항이 몇 가지 있다. 그중 첫 번째로 식사 후 트림을 하는 것은 이탈리아의 식사 예절에 어긋난다는 점을 말해 두고 싶다. 우리는 식사 후 잘 먹었다는 표시로 트림을 하기도 하지만 이탈리아인에게는 실례가 될 수 있다. 두 번째로 우리는 식당에 가면 음식을 빨리 달라고 재촉하게 되는데 특별한 경우를 제외하고는 가급적이면 재촉하지 않는 것이 좋다. 이탈리아인의 식사는 최소 한 시간에서 두 시간, 때에 따라서는 세 시간을 넘기는 경우도 있으므로 일단 식당에 들어가면 느긋하게 이탈리아 요리를 즐기기 바란다. 마지막으로 또 한 가지를 말한다면 식후의 팁 문제로, 식사를 마치고 식당을 나올 때 약 5,000리라(£) 정도의 팁을 식탁에 두고 나오는 것이 에티켓이라 할 수 있다.

이탈리아의 식당에서 지켜야 할 몇 가지 에티켓을 잘 알아 둔다면 매너 있는 손님으로 종업원들로부터 더 나은 서비스를 받을 수 있을 것이다.

5) 이탈리아 음식 스타일과 식당 종류

이탈리아 음식은 크게 로마 스타일(Alla Romana), 밀라노 스타일(Alla Milanese), 볼로냐 스타일(Alla Bolognese), 나폴리 스타일(Alla Napolitana) 등으로 구분하며, 이탈리아 식당은 대개 9개 종류로 구분한다.

(1) **리스토란테(Ristorante) :** 고급 식당을 말한다.

(2) **트라토리아(Trattoria) :** 가족 중심으로 경영하는 식당이다. 원래 이탈리아 요리는 가정 요리가 대부분을 차지하는 관계로 간단하게 먹을 수 있게 준비된다. 가정 요리로 맛있고 유명한 것이 많으며, 지방에서는 메뉴도 제공하지 않고 특색 요리만 제공하기도 한다.

(3) **호스테리아(Hosteria) :** 트라토리아(Trattoria)보다는 약간 품격이 떨어지는 대중 음식점을 말한다.

(4) **로스티체리아(Rosticeria) :** 로스트(Roast) 전문 요리만 하지만, 다른 요리도 준비해 놓고 있다.

(5) **타볼라칼다(Tavola calda) :** 일반 식당을 일컫는다.

(6) **피체리아(Pizzeria) :** 피자 전문점을 말한다.

(7) **카페 바르(Caffe-Bar) :** 샌드위치와 커피 등을 판다.

(8) **비레리아(Birreria) :** 비어홀을 말한다.

(9) **보티글리리아(Bottiglieria) :** 보통 선술집을 말한다.

6) 이탈리아 요리 메뉴 읽는 법

이탈리아 요리라고 하면 피자나 파스타 같은 일반적인 일품요리가 떠오르지만 전통 이탈리아 요리는 다른 서양 요리처럼 전채 요리로 시작하여 후식에 이르는 화려한 코스로 구성되어 있다. 이탈리아 용어라 일단 읽기가 어렵지만 이탈리아 레스토랑 메뉴판도 서양 레스토랑 메뉴판과 크게 다르지 않다.

(1) Aperitivo(아페리티보)

식전 음식으로 결혼식과 같은 큰 연회 행사 때 나오는데, 스탠딩 형식으로 서서 와인(식전 주)과 함께 먹는다. 서양 요리의 카나페(canapé)와 동일하다.

(2) Antipasto(안티파스토)

전채 요리로 좌석에 앉았을 때 맨 처음 나오는 식욕 촉진 음식이다. 안티파스토 프레도(Antipasto freddo ; 온 전채)와 안티파스토 칼도(Antipasto caldo ; 냉 전채)가 있다. 서양 요리의 애피타이저에 해당한다.

(3) Primo-Piatto(프리모 피아토)

첫째 요리로 여기서부터 본격적인 식사와 밀가루를 이용한 요리가 나온다. 우리가 잘 아는 피자나 파스타는 물론 뇨키(Gnocchi)나 리소토(Risotto)가 여기에 속한다. 저녁 식사로는 수프인 주파(Zuppa)도 먹는다. 서양 요리 코스의 샐러드로 이해하면 쉽다.

(4) Secondo-Piatto(세콘도 피아토)

둘째 요리로 생선이나 고기 요리가 나온다. 생선과 고기가 함께 나오기도 한다. 콘토르노(Contorno)인 익힌 채소나 생 채소를 곁들여 먹기도 한다.

(5) Formaggio(포르마지오)

이탈리아에서 생산되는 여러 가지 치즈를 내놓고 다양한 맛을 즐긴다.

(6) Dolce(돌체)

디저트를 말하며 아이스크림과 과일 등 다양한 종류가 있다. 우리나라에 잘 알려진 티라미수(Tiramisu)를 가장 많이 먹고, 젤라토(Gelato) 위에 생과일을 얹어 먹기도 한다.

(7) Caffe, Espresso(카페, 에스프레소)

식후 음료로는 주로 강한 향과 맛의 에스프레소를 즐긴다.

(8) Digestivi(디제스티비)

식후 주로 소화를 돕기 위해 독한 그라파(Grappa), 아니면 아모로(Amoro)나 레몬 맛이 강한 리몬첼로(Limoncello)도 마신다.

▶ 파스타(Pasta) 메뉴 용어 읽기

① **spaghetti, carbonara** – ham, fresh cream, egg yolk
② **rigatoni bolognese** – with meat sauce
③ **lasagna al forno** – over crushed with cheese
④ **spaghetti vongole** – with tomato sauce and clams
⑤ **fettucini alfredo** – fresh cream and cheese
⑥ **taglietelle napolitana** – with tomato sauce and oregano

▶ 피자(Pizza) 메뉴 용어 읽기①

① **capricciosa** – cheese, egg, onion, ham, mushroom, anchovy
② **quattro stagloni** – tomato, mushroom, peppers, olives, anchovy
③ **proscuitto** – tomato, cheese, ham
④ **margherita** – tomato, cheese, anchovy

▶ 피자(Pizza) 메뉴 용어 읽기②

① **pizza cipplla** – with tomatos, cheese, oignon, green pepper
② **pizza boscutto** – with tomato, cheese, ham
③ **pizza funghi** – with tomato, cheese, mushroom
④ **quatro pizza stagioni** – with tomatoes, cheese, salami, mushroom, sausage, green pepper

▶ 스파게티 전문 요리(Spaghetti speciality) 메뉴 읽기

① spaghetti alla caprese
spaghetti w/tunafish
참치 절임을 곁들인 스파게티

② spaghetti alla puttanesca
spaghetti w/chilli sauce
칠리 소스의 스파게티

③ spaghetti alla bolognaise
spaghetti w/meat sauce
미트 소스의 스파게티

④ spaghetti alla carbonara
spaghetti cream sauce w/ham and mushroom
버섯과 햄을 곁들인 크림 소스의 스파게티

⑤ spaghetti alla guaniale
spaghetti w/bacon
베이컨을 곁들인 스파게티

⑥ spaghetti alla melanzane
spaghetti w/eggpalnts
서양 가지를 곁들인 스파게티

7) 다양한 레시피 정보

• Spaghetti Meat Sauce 만들기

준비 재료

- boeuf meat 20kg
- jambon porc 10kg
- bacon hache
- oignon hache 7kg
- celeri hache 3kg
- carotte hache 5kg
- champignon hache 3ea
- vin blanc 100cc
- tomato paste 6 lb
- tomato jus 7cn
- beef soup base 2/3cn
- espagnol 7L
- fond de veau 7L
- oregano 2ts
- laurier 2pc
- bouillon 13L
- sel, poivre un peu
- beurre manier 350g
- ail hache 140g
- olive oil un peu
- parmasan cheese un peu
- beurre un peu

조리 방법

① 고기(meat)와 채소(vegetable)를 함께 갈아 소테(saute)하고, 토마토 페이스트(tomato paste)와 함께 다시 소테한 다음 소스와 부용(bouillon)을 넣어 끓인다. 소금과 후추 등으로 양념한다.

② 생 밀가루와 버터를 반죽한 뵈르 마니에(beurre manie)를 넣어 농도를 맞춘다.

③ 맨 마지막에 백포도주(vin blanc)를 넣어 마무리한다.

• Italian Meat Sauce 만들기

준비 재료

- oignon hache 30g
- jambon hache 40g
- champignon 150g
- tomato concasse 2ea
- vin blanc 100cc
- jus de citron un peu
- estrogon hache un peu
- sel, poivre un peu
- monte au beurre 20g

조리 방법 : 위 재료를 잘 준비하고 혼합하여 적절하게 끓인다.

• Spaghetti Hambergioise 만들기

준비 재료

- spaghetti 1/3 lb
- small hamburger 30gx3
- fry egg 1ea
- lima beans 20g
  or peas 20g
- sauce chasseur

조리 방법 : 위 재료를 이용하여 맛있는 메뉴를 만들어 낸다.

• Spaghetti Gaponaize 만들기

준비 재료

- spaghetti au beurre 1/3 lb
- olive oil 10g
- crevette 30g
- mouler 20g
- poisson 40g
- terryaki sauce 90cc
- oignon emince 20g
- champignon emince 20g
- pimento red 20g

조리 방법 : 위 재료를 활용하여 메뉴에 적절하게 만들어 낸다.

• Spaghetti Confegate alla Veneziana 만들기

준비 재료

- fond de veau sauce
- spaghetti with oignon emince 50g
- foie de veau 100cc
- beurre 100g
- creme 50cc
- demi-glace 100cc
- olive huile 500cc
- farine 50g
- parmesan fromage un peu

조리 방법 : 위 재료를 이용하여 메뉴에 합당하게 만들어 낸다.

• Spaghetti alla Puttanesca 만들기

준비 재료

- olive oil 90cc
- garlic chopped 20g
- tomato concasse 450g
- black olive sliced 15pc
- red pimento flaked 2pc
- persil hache 2ts
- oregano hache 3g
- anchois hache 85g
- capre 20g
- sel, poivre, tabasco un peu

조리 방법 : 위 재료를 이용하여 잘 혼합하여 맛있는 음식을 만들어 낸다.

• Spaghetti alla Carbonara 만들기

(cream spaghetti w/ham and mushroom)

준비 재료

- spaghetti 150g
- oignon hache 50g
- jambon julienne 50g
- champignon emince 50g
- creme fraiche 120cc
- parmesam fromage 30g
- entier d'oeuf fraiche 1ea
- sel, poiver un peu
- persil hache un peu
- beurre 30g

조리 방법

① 준비한 버터, 양파, 버섯, 햄 등 재료들을 넣고 볶은 다음 생크림(creme fraiche)을 넣고 졸인다. 파르메산 치즈(parmesam fromage)와 스파게티를 넣고 소금과 후추로 간을 맞춘 후 우유와 계란을 풀어 농도와 맛을 낸다.

② 계란을 넣고 불 위에서 약간만 있다가 금방 꺼내어 섞는다. 불 위에 오래 있으면 계란이 익어 맛도 없고 모양이 나지 않으니 주의한다.

• Spaghetti alla Bucaniera 만들기

(spaghetti w/seafood)

준비 재료

- spaghetti 70g
- shrimp 5pc
- mussel 5pc
- squid or small octopus 30g
- fish 30g
- tomato sauce 40cc
- olive 3pc
- salt, pepper, parsley un peu
- garlic, onion un peu
- wine 10cc

조리 방법

① 물에 식용유를 약간 넣고 스파게티를 11~12분 정도 삶아 낸다.

② 다진 양파, 다진 마늘과 와인을 넣고 볶는다.

③ ②번에 새우, 홍합, 오징어, 생선 살을 넣어서 볶는다.

④ ①번과 섞은 다음 소금과 후추로 간을 하고 토마토 소스를 섞는다.

• 토마토 소스 만들기

① 마늘, 양파 다진 것과 버터 또는 올리브 오일을 함께 볶는다.

② 토마토를 네모 모양으로 잘게 썰어 넣는다.

③ 토마토 페스토를 넣고 볶다가, 소금과 후추로 간을 한다.

④ 월계수 잎을 넣고 올리브 썰은 것을 넣어서 마무리한다.

• Sauce Bolonaise 25L 만들기(beef만 사용)

준비 재료

- de beouf(beef ground) 15kg
- oignon hache 5kg
- carrots hache 500g
- celery hache 1kg
- ail hache 90g
- champignon hache 3.5kg
- tomato paste, tomato juice 2cn
- espagnole sauce 6L
- oregano 60g
- fond de veau 6L
- bouillon 10L
- bouquet garni 1pc
- lie beurre manier 100g

조리 방법 : 위 재료를 이용하여 맛있는 요리를 만들어 낸다.

• Spaghetti Altonno 만들기

준비 재료

- beurre 30g
- huile de olive 2Ts
- oignon hache 50g
- tuna fish 100g
- sesame leaf hache 10g
- fresh cream 50cc
- chicken stock 100cc
- spaghetti 150g
- sel, poivre

조리 방법 : 위 재료를 이용하여 맛있는 파스타를 만들어 낸다.

• Spaghetti Vongola 만들기

(spaghetti w/clam and garlic)

준비 재료

- spaghetti 150g
- champignon emince 50g
- clam(meat fraiche) 100g
- tomato fondue 120cc
- parmesan fromage 30g
- garlic 2pc
- sel, poivre
- beurre 30g

조리 방법

① 스파게티(spaghetti)에 뷔레(beurre)를 넣어 소테(saute)한다.
② 샴피뇽 에망세(champignon emince), 조개(clam) 등을 넣는다.
③ 토마토 퐁뒤(tomato fondue)를 넣고 스파게티와 함께 섞는다.
④ 파르메산 치즈(parmesan fromage)를 넣고 소금과 후추로 간을 해 접시에 담는다.
⑤ 조개(clam)는 언제나 생물을 사용한다. 냉동했다 쓰면 질겨서 맛이 없으니 주의한다.

• Spaghetti Pesce Di Mare 만들기

(spaghetti w/assorted seafood)

준비 재료

- spaghetti 150g
- moule(mussel) 3pc
- crevette 3pc
- calm 3pc
- poulpe(octopus) 3pc
- gousse dail 5g
- tomato paste 15g
- tomato fondue 100cc
- olive noir 4pc
- beurre
- persil hache, sel, poivre un peu

조리 방법

① 먼저 해산물 재료를 손질해 준비한다.
② 스파게티(spaghetti)에 뷔레(beurre)를 넣어 소테(saute)하다 해산물을 섞어 다시 소테한다.
③ 소금과 후추, 블랙 올리브를 넣고 파르메산 치즈(parmesan fromage)를 소량 넣어 맛을 낸 후 파슬리를 뿌린다. 해산물을 너무 오래 익히면 맛이 없고 질기기 때문에 주의한다.

• Spaghetti Carbonara 만들기

준비 재료

- spaghetti 100g
- oignon hache 50g
- jambon julienne 50g
- champignon sliced 50g
- fraiche creme 120cc
- parmesan fromage 30g
- oeuf entier 1ea
- beurre 30g
- sel, poivre

조리 방법 : 위 재료를 이용하여 맛있는 파스타를 만들어 낸다.

• Spaghetti Napolitana 만들기

준비 재료

- spaghetti 150g
- napolitana sauce 150cc
- jambon julienne 50g
- champignon emince 50g
- pimento julienne 30g
- volaille julienne 50g
- oignon hache 50g
- creme fraiche un peu
- sel, poivre un peu
- beurre 30g
- persil hache un peu
- parmesan 30g

조리 방법

① 스파게티(spaghetti)에 뷔레(beurre)를 넣어 소테(saute)하다가 나폴리 소스(napolitana sauce)에 햄(jambon), 버섯(champignon), 가금류 살코기(volaille), 양파(oignon), 고추(pimento) 등을 넣고 잘 혼합한다.

② 여기에 생크림(creme fraiche)과 파르메산 치즈(parmesan fromage)를 소량 넣고 맛을 낸 다음, 접시에 담아 파슬리를 뿌려 준다. 나폴리 소스는 적당히 넣어야 한다.

• Spaghetti Meat Sauce 만들기

준비 재료

- beef meat(or pork meat) 15kg
- espagnole sauce 8L
- tomato fondue 2L
- tomato paste 1cn
- oignon hache 15kg
- champignon sliced 2.2kg
- ail 200g
- carrots hache 5kg
- celeri hache 5kg
- beurre 2kg
- olive oil 600cc
- bouillon 30L

조리 방법 : 재료를 잘 혼합하여 1시간 내지 1시간 30분 정도 끓여 소스를 완성한다.

• Spaghetti alla Bolognese Fritto Manzo 만들기
(spaghetti meat sauce w/beef cutlet)

준비 재료

- spaghetti 150g
- filet de boeuf 30g
- entier d'oeuf 1ea
- mie de pain 40g
- meat sauce 180cc
- sel, poivre
- beurre 50g

조리 방법

① 스파게티(spaghetti)에 뷔레(beurre)를 넣어 소테(saute)하여 접시에 담는다.

② 쇠고기(boeuf)를 30g 크기로 3개로 두툼하게 잘라 버터를 넣어 소테하고, 그 위에 퐁드 뷰(fond de veau) 소스를 뿌린다.

③ 스파게티 위에 고기 소스(meat sauce)를 바르고, 파슬리 다진 것(persil hache) 등을 뿌린다. 파르메산 치즈(parmesan fromage)는 따로 제공한다.

• Pizza Gee(Dough) 만들기

준비 재료

- flour 3kg
- butter 16Ts
- salt 4Ts
- milk 100cc
- baking powder 1ts

조리 방법

• 피자 도우 만들기

① 밀가루(flour)에 베이킹 파우더(baking powder)를 넣은 후 버터(butter)를 넣어 잘 섞는다.

② 우유(milk)를 넣어 가며 반죽의 점도를 조절한다.

③ 완성된 반죽은 냉장고에서 1시간 정도 숙성시켜 사용한다.

Pasta

Chapter 2

이탈리아 정통 파스타 요리 레시피 실제

(100가지 메뉴 레시피 아이템)

1. Trenette al Pesto

(Trenette with Basil Sauce)

준비 재료

- 트레네테(trenette), 링귀네(linguine) 또는 스파게티(spaghetti) 300g
- 바질 잎 20개
- 통마늘 3개
- 잣 또는 호두와 아몬드 150g
- 올리브 오일 200ml
- 페코리노 로메노 치즈 또는 파르메산 치즈 100g
- 작은 감자 3개
- 그린 빈스 150g
- 소금, 후추 약간

조리 방법

1. 바질 잎은 깨끗이 닦은 후, 푸드 블렌더에 마늘과 함께 넣어 갈아 놓는다. 그다음 블렌더에 천천히 잣, 치즈, 올리브 오일 순으로 넣는다. 여기에 소금과 후추를 넣어 바질 페스토(Basil Pesto)를 완성한다.
2. 끓는 물에 파스타를 넣어 익히되 너무 익지 않도록 주의한다. 감자는 2~3개를 대개 파스타와 함께 넣어 끓이지만, 그린 빈스는 따로 익힌다.
3. 익힌 감자와 그린 빈스 조각으로 서빙 접시 가장자리를 장식하는 것이 일반적이다. 가니쉬가 필수적이지는 않지만, 감자는 요리에 부드러운 향을 더할 수 있다.
4. 완성된 페스토 소스는 별도로 익히지 않고, 물기를 제거한 파스타 가닥가닥에 잘 스며들도록 묻힌다.
5. 서빙 접시가 클 경우, 파스타를 중앙에 놓은 후 나무 스푼으로 야채 위에 페스토 소스를 약간 뿌리고 즉시 서빙한다.

2. Ravioli con Salsa di Noci

(Ravioli with Walnut Sauce)

준비 재료

- 시금치 라비올리(spinach ravioli) 또는 리코타(ricotta) 20개
- 파르메산 치즈 50g
- 껍질을 깐 호두 또는 아몬드 200g
- 올리브 오일 200ml
- 버터 50g
- 진한 생크림 100ml
- 소금, 후추 약간

조리 방법

1. 소스는 즉석에서 만들거나 파스타를 익히는 동안 만들 수 있는데, 우선 치즈를 갈아서 한쪽에 둔다.
2. 껍질을 깐 호두와 아몬드는 푸드 블렌더에 넣어 잘게 부순 후, 올리브 오일과 버터를 넣어 섞는다.
3. 여기에 앞서 갈아둔 치즈와 생크림을 넣고, 소금으로 간을 맞춰 소스를 완성한다.
4. 파스타는 삶아 익힌 후 물기를 제거하고 소스를 얹는다. 파스타가 짓눌리는 것을 막기 위해 개별 접시에 담아 바로 서빙한다.

3. Tagliatelle con Salsa di Noci

(Tagliatelle with Walnuts and Mascarpone)

준비 재료

- 타그리아텔레(tagliatelle) 300g
- 버터 50g
- 마늘 1쪽
- 호두 또는 아몬드 150g
- 마스카폰 치즈 또는 크림 치즈 150g
- 파르메산 치즈 60g
- 올리브 오일 약간

조리 방법

1. 팬에 버터를 넣어 녹인 후 다진 마늘을 넣고 금갈색이 날 때까지 프라이한다. 곱게 다진 견과류를 넣어, 3분간 휘저은 후 불을 끈다.
2. 파스타는 조리 방법에 따라 너무 익지 않도록 조심하여 삶는다.
3. 견과류 혼합물에 크림 치즈를 넣은 후 약한 불에서 익혀 소스를 완성한다.
4. 파스타는 물기를 제거한 후 파르메산 치즈에 살살 버무려 미리 데워 둔 서빙 접시에 옮겨 담는다. 완성된 소스를 뿌려 즉시 서빙한다.

4. Spaghetti con Melanzane e Noci

(Spaghetti with Creamed Aubergines and Walnuts)

준비 재료

- 스파게티(spaghetti) 300g
- 중간 크기 가지 3~5개
- 계란 3개
- 땅콩 커넬 또는 호두 10개
- 토마토 소스 약간
- 소금, 후추 약간
- 올리브 오일 약간

조리 방법

1. 가지는 깨끗이 씻어 물기를 닦은 후, 로스팅 주석 그릇에 통째로 담는다. 뜨거운 오븐에 넣어 가지가 주름지고 연해질 때까지 약 15분간 익힌다.
2. 그동안 토마토 소스를 준비하고, 계란은 노른자가 약간 단단하지만 부드러운 정도가 될 때까지 잘 삶아 놓는다. 계란 껍질을 벗겨 노른자를 흰자와 분리한다. 견과류는 잘게 부순다.
3. 로스팅(Roasting)한 가지는 2등분하고, 다진 견과류에 부드러운 가지 과육을 문질러 넣는다. 잘 섞은 후 계란 노른자를 넣는다.
4. 여기에 토마토 소스, 소금, 후추를 넣어 간을 맞춘 후 올리브 오일 몇 방울을 떨어뜨린다.
5. 팬에 담아 휘저어 가며 몇 분간 가열을 한 후 불을 끈다. 온기는 유지하도록 한다.
6. 파스타는 조리 방법에 따라 너무 익지 않도록 조심스럽게 삶아 낸다. 준비한 재료들과 잘 섞은 후 즉시 제공한다.

5. Pasticcio di Maccheroni con le Melanzane

(Baked pasta with Aubergines)

준비 재료

- 토르틸리오니(tortiglioni) 또는 작은 스파게티(spaghetti) 300g
- 큰 가지 3~5개
- 소금 약간
- 토마토 소스 약간
- 밀가루 약간
- 올리브 오일 200ml
- 버터 약간
- 모짜렐라 치즈 300g

조리 방법

1. 가지는 잘라 레시피 과정에 따라 넓게 슬라이스한 후 퍼징(Purging)을 한다. 가지 슬라이스에 밀가루를 넣어 프라이한다.
2. 가지를 퍼징하는 동안 토마토 소스를 준비한다.
3. 파스타는 소금을 넣은 충분한 양의 끓는 물에 넣어 면이 서로 엉기지 않도록 오일 몇 방울을 넣어 알 덴테(Al dente)로 삶아 낸다.
4. 파스타의 물기를 제거하고 버터를 묻힌 후 토마토 소스를 넣어 잘 섞는다.
5. 뚜껑 달린 오븐용 서빙 접시에 기름칠을 한 후, 바닥에 파스타를 얇게 깐다.
6. 파스타 위에 프라이한 가지 슬라이스를 얹은 후, 그 위에 얇은 모짜렐라 치즈 슬라이스를 얹어 낸다. 남은 재료를 이용하여 이 과정을 반복하되, 마지막은 모짜렐라 치즈로 마무리한다.
7. 요리 가장자리에 버터를 얹은 후, 버터가 녹아 금갈색이 날 때까지 220℃의 뜨거운 오븐에서 20분간 구워 낸다.

6. Spaghetti alla Norma

(Spaghetti Norma)

준비 재료

- 스파게티(spaghetti) 300g
- 가지 3~5개
- 소금 약간
- 밀가루 약간
- 올리브 오일 200g
- 토마토 소스 약간
- 가루 치즈 – 리코타, 파르메산, 페코리노 로마노 치즈 각각 50g

조리 방법

1. 가지는 머리와 꼬리 쪽을 자른 후 얇게 슬라이스를 한다. 슬라이스 조각들을 도마 위에 가지런히 정렬하여 소금을 뿌린다. 도마를 식기 건조대 위에 올려놓은 후, 가지를 도마의 한쪽 가장자리에 올려 다른 도마로 덮어 고정시키고 개수대 쪽으로 비스듬히 향하도록 기울인다. 그리고 난 후 무거운 물건(예: 물이 가득 담긴 큰 소스팬)을 가지 슬라이스 위에 올려 놓고 두세 시간 그대로 둔다. 이상의 과정을 통해 가지의 쓴맛이 나는 액즙을 다소 제거할 수 있다. 이탈리아에서는 이를 일명 가지 '퍼징(Purging)'이라고 한다.
2. 두 시간 후 가지 슬라이스를 헹군 후 가볍게 쳐서 물기를 제거한다. 슬라이스에 밀가루를 살짝 묻혀 프라이할 때 오일이 너무 많이 흡수되는 것을 방지한다.
3. 가지를 퍼징하는 동안 토마토 소스를 준비하고 치즈를 갈아 둔다. 가지에 밀가루를 묻힐 때 큰 소스팬에 물을 담아 파스타 삶을 준비를 한다. 물이 끓을 때쯤 가지 슬라이스를 뜨거운 올리브 오일에 넣어 튀겨 낸다. 오일은 충분히 넣되 한번에 몇 개씩만 튀겨 낸다. 너무 바삭거리지 않도록 주의한다. 키친 페이퍼 위에 한 차례씩 튀긴 가지를 올려놓고 열기를 유지한다. 토마토 소스는 따뜻하게 데워 둔다.
4. 가지 슬라이스를 마지막으로 튀겨 낼 동안 파스타를 조리 방법에 따라 너무 익지 않도록 주의하여 삶아 낸다. 물기를 제거한 후 큰 서빙볼에 담는다. 여기에 치즈를 먼저 넣어 잘 섞은 다음 토마토 소스와 마지막으로 가지를 넣은 후 잘 저어 즉시 제공한다.

7. Linguine al Limone
(Linguine with Lemon Sauce)

준비 재료

- 링귀네(linguine) 또는
  생 파스타(fine fresh pasta) 300g
- 레몬 2개
- 진한 생크림 250ml
- 그라파 또는 에쿼비탈 100ml
  - 그라파 : 포도 짜는 기계 속의 찌꺼지로 증류한 술
  - 에쿼비탈 : 이탈리아 와인

조리 방법

1. 레몬 한 개는 껍질을 강판에 갈아 한쪽에 둔다.
2. 레몬 흰 속(중과피)은 제거하고, 과육은 매우 작은 주사위 모양으로 썬다. 다른 한 개의 레몬은 즙을 짜낸 후 분리해 보관한다.
3. 팬에 생크림, 레몬 조각, 그라파를 넣어 약한 불에서 익힌다. 이 소스가 걸쭉해질 때까지 뭉근히 끓인다.
4. 파스타는 조리 방법에 따라 너무 익지 않도록 주의해서 삶는다.
5. 소스에 불을 끈 후, 레몬즙을 천천히 부어 넣는다. 1분간 저어 가며 약한 불에서 익힌다.
6. 여기에 강판에 갈아 놓은 레몬 껍질 2ts을 넣어 잘 섞은 후, 물기를 제거한 파스타 위에 부어 다시 잘 섞은 다음 데워 놓은 서빙볼에 담는다.
7. 레몬 껍질 제스터(Zester) 몇 가닥을 올려놓은 후 서빙한다.

8. Tagliolini al Limone

(Tagliolini with Lemon Sauce)

준비 재료

- 탈리올리니(tagliolini) 300g
- 마늘 1쪽
- 버터 30g
- 칠리 페퍼 갈은 것 20g
- 레몬 2개
- 삶은 햄 100g
- 진한 생크림 300ml
- 소금 약간

조리 방법

1. 마늘은 으깨거나 다져 놓는다. 버터를 녹인 후 마늘을 넣어 금갈색이 날 때까지 프라이한다. 여기에 칠리 페퍼를 넣는다. 레몬은 깨끗이 씻어 껍질 부분은 강판에 곱게 갈되, 쓴맛을 더하는 속의 흰 부분은 사용하지 않는다.
2. 햄은 성냥개비 모양으로 썰어 마늘과 버터를 넣은 후 레몬 껍질과 생크림을 넣어 약한 불로 가열한다. 뚜껑을 덮지 않은 상태로 약 30분 가량 뭉근히 끓인다.
3. 큰 팬에 물이 끓을 때 올리브 오일을 약간 넣어 탈리올리니 파스타를 넣어 삶는다. 파스타의 탄력을 유지하고 모양이 으그러지지 않도록 하기 위해 삶아 낸 즉시 물기를 제거한다.
4. 만들어 놓은 소스를 파스타 위에 부은 후, 몇 분간 약한 불에서 익힌다. 소금을 넣어 간을 맞춘다.
5. 소스 농도가 너무 진하면 생크림을 약간 더 넣어 맞추되, 파스타가 소스에 잠기지 않도록 주의한다. 데워 놓은 서빙 접시에 담고, 레몬 껍질 제스터(Zester) 몇 가닥을 올려 장식한 후 즉시 제공한다.

9. Spaghetti alla Puttanesca

(Whore's Spagetti)

준비 재료

- 스파케티(spaghetti) 또는 베르미첼리(vermicelli) 300g
- 소금 약간
- 올리브 오일 30ml
- 마늘 3쪽
- 앤초비 필레 3개
- 이탈리아 프럼 토마토 300g
- 블랙 올리브 100g
- 케이퍼 50ml
- 파슬리 약간

조리 방법

1. 파스타는 소금 간한 끓는 물이 든 큰 소스팬에 넣어 너무 익지 않도록 주의해서 삶아 낸다.
2. 파스타를 익히는 동안 팬에 올리브 오일을 두르고 곱게 다진 마늘과 앤초비 필레를 넣어 잘 섞일 때까지 약한 불로 익힌다.
3. 여기에 블랙 올리브, 케이퍼, 다진 토마토를 즙과 함께 넣어 잘 저어 주고 5분간 익힌다. 이때 올리브와 케이퍼는 다진 것도 사용할 수 있다.
4. 파스타가 삶아지면 물기를 제거한 후 소스를 부어 준다. 잘 섞은 후 다진 파슬리를 뿌려 즉시 제공한다.

10. Spaghetti Aglio Olio e Peperoncino

(Spaghetti with Garlic, Olive Oil and Chilli Pepper)

준비 재료

- 스파게티(spaghetti) 300g
- 소금 약간
- 올리브 오일 80ml
- 마늘 5쪽
- 작은 칠리 페퍼 1개
- 파슬리 약간

조리 방법

1. 파스타는 올리브 오일과 소금으로 간한 끓는 물에 넣어 너무 익지 않도록 주의해서 삶는다.
2. 파스타가 익는 동안 팬에 올리브 오일을 둘러 다진 마늘을 넣고 볶은 후, 3~4 조각으로 썬 칠리 페퍼를 넣어 마늘이 금갈색이 될 때까지 익힌다.
3. 파스타가 준비되면 물기를 제거한 후 큰 서빙볼에 담아 둔다.
4. 칠리 페퍼와 마늘을 제거한 후 오일만 파스타에 부어 잘 젓는다. 오일을 파스타 가닥 가닥에 충분히 묻혀야만 매끈하고 윤이 난다. 원한다면 다진 파슬리를 뿌린 후 즉시 제공한다.

※ 만약 덜 매운 요리를 원한다면 칠리 페퍼를 빼고 소스를 준비할 수 있다. 이런 경우에는 오일을 파스타에 부어 잘 저은 후 갈아 놓은 후추를 넣을 수 있다. 또는 칠리 페퍼 대신에 물기를 제거한 앤초비 필레 250g을 다져 넣고, 마늘은 2개만 사용한다. 완성된 요리에 파스타 물 60ml를 더 부은 후 잘 저어 준다.

11. Spaghetti Indiavolati
(Devilled Spaghetti)

준비 재료

- 스파게티(spaghetti) 300g
- 마늘 6쪽
- 매운 붉은 칠리 페퍼 2개
- 올리브 오일 50ml
- 파르메산 치즈 50g
- 파슬리 약간
- 소금 약간

조리 방법

1. 마늘과 칠리 페퍼는 물 500ml를 넣은 블렌더에 넣어 갈아 둔다.
2. 소스팬에 소금 간한 끓인 물(또는 파스타 삶은 물)과 앞서 갈아 둔 마늘과 칠리 페퍼 혼합물을 섞는다. 다시 15분간 약한 불에서 은근히 끓인다.
3. 소스팬의 내용물을 고운 체에 걸러 낸 후, 파스타를 삶기에 충분한 양인지 확인한다. 필요하다면 물을 더 첨가하고, 마늘과 칠리 페퍼는 제거한다.
4. 소스가 다시 끓으면 파스타를 넣어 삶되, 너무 익지 않도록 주의한다.
5. 파스타의 물기를 제거한 후 올리브 오일을 넣어 잘 섞고 가루 치즈를 뿌린다. 색감을 주길 원한다면 다진 파슬리를 뿌려서 제공한다.

12. Spaghetti Siracusani

(Spaghetti Syracuse)

준비 재료

- 스파게티(spaghetti) 또는 베르미첼리(vermicelli) 300g
- 큰 가지 1개
- 피망(페퍼) 2개
- 이탈리아 프럼 토마토 300g
- 앤초비 필레 3개
- 케이퍼 30ml
- 블랙 올리브 10개
- 올리브 오일 20ml
- 마늘 3쪽
- 바질 잎 3개
- 파르메산 치즈 50g
- 소금 약간

조리 방법

1. 가지는 중간 두께로 슬라이스하여 퍼징(Purging)을 해 둔다. 퍼징 후 가지 슬라이스를 씻어 손으로 두드려 물기를 제거한다. 슬라이스를 작은 주사위 모양으로 썬다.
2. 가지를 퍼징하는 동안 피망(페퍼)은 230~240℃의 뜨거운 오븐에 대략 20분간 넣어 두어 색깔이 완전히 사라지도록 해야 한다. 오븐에서 꺼내어 식을 때까지 키친타월로 감싸 둔다. 그다음 페퍼의 씨를 제거하고 세로로 몇 조각 잘라 둔다.
3. 토마토는 씻어 물기를 제거한 후 잘게 썬다. 앤초비 필레와 케이퍼는 다진다. 블랙 올리브도 크면 잘게 썰어 둔다.
4. 올리브 오일을 두른 후 곱게 다진 마늘, 앤초비, 가지, 토마토를 넣어 약한 불에서 10분간 익힌다. 이어 케이퍼, 올리브, 페퍼, 바질을 넣어 뚜껑을 덮은 채 약 15분간 더 익히고 간을 맞춘다.
5. 기다리는 동안 파스타를 너무 익지 않도록 주의해서 삶고, 물기를 제거하여 큰 서빙 볼에 담는다. 소스를 부은 후 잘 섞이도록 재빨리 휘저어 치즈를 뿌려 제공한다.

13. Taliatelle alla Boscaiola

(Forester's Sytle Tagliatelle)

준비 재료

- 타그리아텔레(tagliatelle) 또는 스파게티(spaghetti) 300g
- 올리브 오일 50ml
- 마늘 3쪽
- 이탈리아 프럼 토마토 300g
- 소금, 후추 약간
- 양송이 또는 마른 버섯류 300g
- 파슬리 약간

조리 방법

1. 올리브 오일을 2/3Ts만 두른 후 곱게 다진 마늘을 넣어 볶다가 색깔이 변하기 시작할 때쯤 나무 스푼으로 으깬 토마토와 즙을 넣는다. 15분간 바싹 더 익히고 소금과 후추로 간을 맞춘다.
2. 그동안 다른 팬에 남은 올리브 오일을 넣고 천으로 닦은 후 곱게 슬라이스한 양송이를 넣는다. 소금을 약간 넣은 후 약한 불에서 5분간 익힌다. 다진 파슬리를 뿌린 후 온기를 유지한다.
3. 파스타는 조리 방법에 따라 너무 익지 않도록 주의해서 삶는다. 물기를 제거한 후 데워 놓은 서빙 접시에 옮겨 담는다. 토마토 소스를 부어 섞은 후 양송이를 넣고 다시 전체적으로 잘 섞어 즉시 제공한다.

14. Bucatini con Funghi

(Bucatini with Mushroom)

준비 재료

- 부카티니(bucatini) 또는 스파게티(spaghetti) 300g
- 올리브 오일 30ml
- 마늘 2쪽
- 양송이 300g
- 소금, 후추 약간
- 레몬 주스 10ml
- 파슬리 약간

조리 방법

1. 팬에 올리브 오일을 두른 후 곱게 다진 마늘을 넣는다. 팬을 천으로 살짝 닦은 후 가늘게 슬라이스한 양송이를 넣는다. 양념을 약간 한 후 팬 뚜껑을 덮어 약한 불에서 5분간 익힌 다음 불을 끄고 온기를 유지한다. 양송이는 부드럽게 익히기 위해 충분한 수분을 유지해야 한다.
2. 파스타는 조리 방법에 따라 너무 익지 않도록 주의해서 삶는다.
3. 양송이에 레몬 주스와 다진 파슬리를 넣은 후 물기를 제거한 파스타에 부어 잘 젓는다. 원한다면 올리브 오일을 더 첨가하여 섞은 후 즉시 제공한다.

15. Spaghetti alla Carrettiere

(Carter's Style Spaghetti)

준비 재료

- 스파게티(spaghetti) 300g
- 양송이(건조된 것도 사용 가능) 200g
- 올리브 오일 40ml
- 마늘 2쪽
- 베이컨 80g
- 칠리 페퍼 1ts
  또는 칠리 페퍼 가루 약간
- 이탈리아 프럼 토마토 300g
- 참치 살 80g
- 파슬리 약간

조리 방법

1. 신선한 양송이 버섯의 갓 부위를 천으로 닦아낸 후 곱게 슬라이스한다. 건조된 양송이를 사용할 경우 물에 담갔다가 물기를 제거한 후 슬라이스한다.
2. 팬에 오일을 두른 후 곱게 다진 마늘과 칠리 페퍼를 넣는다. 마늘의 색깔이 변할 때쯤 작은 큐브 모양으로 썰어 둔 베이컨을 넣는다. 베이컨 지방이 녹기 시작할 때 준비한 양송이를 넣고 5분 후 물기를 제거한 토마토를 넣어 소스를 만든다.
3. 소스는 약한 불에서 15분간 익힌 후, 조각조각 떨어지는 물기를 제거한 참치 살을 넣고 15분간 다시 익힌다.
4. 파스타는 조리 방법에 따라 너무 익지 않도록 주의해서 삶아 낸다. 파스타의 물기를 제거한 후 데워 놓은 서빙 접시에 담아 양송이 소스를 부어 잘 섞는다.
5. 다진 파슬리를 뿌린 후 즉시 제공한다.

16. Cannelloni ai Carciofi

(Cannelloni with Artichoke)

준비 재료

- 라자냐(lasagna) 또는 튜브형 카넬로니(cannelloni) 16개
- 아티초크 3개
- 올리브 오일 40ml
- 갈은 쇠고기(어린 쇠고기) 200g
- 양파 1개, 마늘 2쪽
- 화이트 와인 100m
- 다진 타임 5ml
- 치킨 스톡 200ml
- 계란 노른자 1개
- 파르메산 치즈 80g
- 소금, 후추 약간

조리 방법

1. 아티초크는 바깥쪽의 거친 앞사귀를 떼어 내고 뾰족한 윗부분과 줄기를 잘라 낸 후, 길쭉하게 8등분을 한다. 변색을 막기 위해 레몬 주스에 담가 둔다. 사용하기 직전에 물기를 제거하고 다진다.
2. 올리브 오일을 두르고 곱게 다진 양파와 마늘을 넣어 약한 불에서 5분간 볶는다.
3. 여기에 아티초크와 쇠고기를 넣어 잘 저은 후 약한 불에서 10분간 익힌다. 화이트 와인을 부은 후 10분간 더 익힌다. 타임, 소금, 후추로 간을 맞춘다. 적절한 수분을 유지하기 위해 가끔 소량의 스톡을 부어 가며 15분간 뚜껑을 덮은 채 은근히 끓인다.
4. 그동안 버터, 밀가루, 우유를 넣어 베샤멜(Bechamel) 소스를 만들고 간을 맞춘다.
5. 다진 아티초크 혼합물과 계란 노른자, 치즈 1/2 분량, 베샤멜 소스 100ml가량을 함께 섞어 준다. 이 혼합물을 카넬로니 소로 사용한다.
6. 라자냐를 이용할 경우에는 시트의 한쪽 면에 약간의 소를 놓은 다음 튜브 모양으로 둥글게 만다. 소를 넣은 라자냐는 버터 바른 직사각형 오븐 접시에 담는다. 만약 층을 이룰 경우에는 위층을 쌓기 전에 아래층에 버터를 칠한다.
7. 속을 채운 카넬로니 위에 남은 베샤멜 소스를 부은 후 남은 치즈를 뿌린다. 220℃의 뜨거운 오븐에서 약 20분간 구워 낸다.

17. Taliatelle al Carciofi

(Tagliatelle with Artichokes)

준비 재료

- 타그리아텔레(tagliatelle) 300g
- 아티초크 3개
- 올리브 오일 30ml
- 버터 30g
- 양파 1개
- 화이트 와인 150ml
- 레몬 주스 1/2컵
- 치킨 스톡 또는 쇠고기 스톡 150ml
- 진한 생크림 200ml
- 소금, 후추 약간
- 파르메산 치즈 50g

조리 방법

1. 아티초크는 바깥쪽의 거친 앞사귀를 떼어 내고 뾰족한 윗부분과 줄기를 잘라 내어 손질한 후 식초 물에 담가 둔다. 사용하기 직전에 물기를 제거한 후 다진다.
2. 올리브 오일과 버터를 넣은 후 다진 양파를 넣고 부드러워질 때까지 연한 불에서 프라이한다. 5분 후에 다진 아티초크를 넣고 잘 저은 후 뚜껑을 덮은 채 다시 5분간 더 익힌다. 여기에 화이트 와인, 레몬 주스, 스톡을 넣은 후 뚜껑을 덮은 채 약 20분간 은근히 익힌다.
3. 아티초크 혼합물에 생크림을 넣어 잘 섞어준 후 뚜껑을 덮지 않은 채로 매우 약한 불에서 익힌다. 소금과 후추로 간을 맞춘다.
4. 파스타를 너무 익지 않도록 주의해서 삶아 낸다. 파스타가 삶아지는 동안 소스를 걸쭉해질 정도로 끓인다.
5. 파스타의 물기를 제거한 후 바로 치즈를 뿌려 잘 섞는다. 완성된 아티초크 소스를 파스타 위에 부어 휘저은 후 즉시 제공한다.

18. Spaghetti o Penne con i Carciofi

(Spaghetti or Penne with Artichokes)

준비 재료

- 스파게티(spaghetti) 또는 펜네(penne) 300g
- 아티초크 4개
- 올리브 오일 50ml
- 마늘 2쪽
- 다진 파슬리 2ts
- 소금, 후추 약간
- 파르메산 치즈 약간

조리 방법

1. 아티초크는 바깥쪽의 거친 앞사귀를 떼어 내고 잘 손질하여 물기를 제거하고 사용하기 직전에 다진다.
2. 팬에 올리브 오일을 넣고 다진 아티초크와 마늘을 함께 넣어 살짝 볶는다.
3. 파스타는 조리 방법에 따라 너무 익지 않도록 주의해서 삶아 낸다. 파스타 끓인 물은 50~60ml 정도 남겨 둔다.
4. 아티초크 혼합물에 스톡을 넣어 약 20분간 스튜 형식으로 부드러워질 때까지 더 익힌다.
5. 아티초크 소스와 파스타를 접시에 담아 즉시 서빙한다. 파르메산 치즈는 따로 담아 서빙하며, 좋아하는 치즈가 있으면 함께 곁들인다.

19. Pasticcio di Carciofi
(Baked Pasta and Artichokes)

준비 재료

- 라자냐(lasagna) 9장
- 아티초크 5개
- 올리브 오일 30ml
- 버터 80g
- 양파 1개
- 화이트 와인 1/2컵
- 다진 타임 10ml
- 파르메산 치즈 100g

조리 방법

1. 아티초크는 바깥쪽의 거친 앞사귀를 떼어 내고 잘 손질하여 레몬 주스에 담갔다가 사용하기 직전에 물기를 제거한다.
2. 팬에 올리브 오일과 버터를 두른 후 곱게 다진 양파를 넣어 5분간 익힌다. 아티초크 조각들을 팬에 넣고 5분가량 저어 준다. 와인을 부은 후 소금으로 간을 맞추고 다진 타임을 넣는다. 뚜껑을 덮은 채 약 20분간 약한 불에서 더 익힌다.
3. 버터, 밀가루, 우유 등을 넣어 베샤멜(Bechamel) 소스를 만든다.
4. 버터를 바른 직사각형 오븐 접시에 베샤멜 소스 1/4을 부은 후 라자냐 3장을 약간씩 겹치게 놓는다. 그 위에 남아 있는 베샤멜 소스 1/3 분량을 부은 후, 다시 가루 치즈 1/3 분량을 뿌리고, 아티초크 혼합물 1/2 분량을 부어 표면에 골고루 펴 바른다.
5. 이 위에 다른 3장의 라자냐 시트를 덮은 후, 남아 있는 베샤멜 소스 1/2 분량을 붓고 남아 있는 가루 치즈 1/2 분량을 다시 뿌려 준다. 그 위에 남은 아티초크 혼합물을 부어 넓게 펴 바른다.
6. 마지막으로 남아 있는 라자냐 시트 3장을 위에 덮은 후 남은 베샤멜 소스와 가루 치즈를 뿌려 준다.
7. 남은 버터를 발라 220℃의 오븐에서 약 30분간 구워 낸다.

20. Tagliatelle o Spaghetti al Pomodoro

(Tagliatelle or Spaghetti with Tomato Sauce)

준비 재료

- 타그리아텔레(tagliatelle) 300g
- 올리브 오일 30ml
- 양파 1개
- 마늘 2쪽
- 이탈리아 프럼 토마토 캔 300g
- 각설탕 1개
- 소금, 후추 약간
- 파르메산 치즈 50g

조리 방법

1. 팬에 올리브 오일을 두른 후 다진 양파와 마늘이 부드러워질 때까지 약한 불에서 볶는다. 갈색으로 변하는 것을 막기 위해 팬 뚜껑을 덮을 수 있다. 여기에 토마토를 즙과 함께 넣은 후 설탕, 소금, 후추로 간을 맞추어 뚜껑을 덮지 않은 채로 20분가량 가끔 저어 가며 강한 불에서 익힌다.
2. 소스의 수분이 줄어 걸쭉해지면 소금과 후추로 간을 맞춘 다음 맷돌에 간다. 시간을 절약 하기 위해 푸드 블렌더를 사용한다.
3. 파스타는 조리 방법에 따라 너무 익지 않도록 주의하여 삶는다.
4. 파스타의 물기를 제거한 후 가루 치즈 1/2 분량을 뿌려 대충 섞고, 완성된 소스를 부어 준다. 소스와 잘 섞은 후 남은 치즈를 위에 뿌려 즉시 제공한다.

21. Tagliatelle al Pomodore e Basilico

(Tagliatelle with Tomato and Basil)

준비 재료

- 타그리아텔레(tagliatelle) 또는 스파게티(spaghetti) 300g
- 올리브 오일 30ml
- 이탈리아 프럼 토마토 300g
- 바질 잎 6개
- 파르메산 치즈 50g
- 소금, 후추 약간

조리 방법

1. 올리브 오일을 두른 후 토마토를 즙과 함께 넣어 나무 주걱으로 으깬다. 토마토의 선명한 빨간색을 유지하기 위해 5~10분간 재빨리 익힌다. 소금과 후추로 간을 맞춘 후 다진 바질 잎을 넣어 잘 저어 준다.
2. 파스타는 소금 간을 한 끓는 물에 넣어 너무 익지 않도록 주의하여 삶는다. 물기를 제거한 후 토마토와 바질 소스를 부어 즉시 제공한다.
3. 토마토와 바질 소스는 대개 치즈 없이 제공되지만, 원한다면 파스타에 소스를 붓기 전에 파르메산 치즈를 뿌려 섞는다.

22. Penne all Arrabbiata

(Pasta Quills with Fiery Sauce)

준비 재료

- 펜네(penne) 또는 스파게티(spaghetti) 300g
- 토마토 소스 200g
- 칠리 페퍼 또는 말려 부순 칠리 1개
- 다진 파슬리 30ml

조리 방법

1. 미리 만들어 놓은 토마토 소스에 다진 칠리 페퍼를 넣어 약한 불에서 볶는다.
2. 이 요리는 전통적으로 펜네 같은 길쭉한 파스타를 이용하지만, 여기에 들어가는 토마토 칠리 소스는 어떤 종류의 파스타와도 잘 어울린다. 다만 프레쉬 파스타와는 어울리지 않는다.
3. 소스를 만들 때에는 베이컨 150g을 넣어 볶을 수도 있지만, 동물성 지방이 섞이지 않은 톡 쏘는 맛이 나는 로마 건강식 레시피가 더 어울린다.
4. 완성된 파스타를 서빙하기 전 다진 파슬리를 뿌린다. 이 소스에는 일반적으로 치즈를 뿌리지 않는다.

23. Spaghetti al Pomodoro e Arancia

(Spaghetti with Tomato and Orange Sauce)

준비 재료

- 스파게티(spaghetti) 300g
- 마늘 1쪽
- 파슬리 3개
- 바질 잎 3개
- 이탈리아 프럼 토마토 300g
- 소금 약간
- 생 오렌지 주스 1컵

조리 방법

1. 올리브 오일을 두르고 약간 으깨어 놓은 마늘과 허브를 넣어 저어 준다. 토마토는 즙과 함께 넣은 후 포크로 으깬다. 여기에 소금을 넣어 간을 맞춘 후 10~15분간 가끔 저어 가며 재빨리 익힌다.
2. 토마토 혼합물에 오렌지 주스를 부은 후 3분간 더 익힌다.
3. 다 익으면 마늘과 허브를 제거한 후 블렌더에 갈아 토마토 오렌지 소스를 완성한다. 이때 온기는 유지한다.
4. 파스타는 소금 간한 끓는 물에 넣어 너무 익지 않도록 주의해서 삶는다. 파스타의 물기를 제거한 후 완성된 소스를 붓고 살짝 버무려 제공한다.

24. Spaghetti Vesuvio

(Spaghetti with Vesuvius Sauce)

준비 재료

- 스파게티(spaghetti) 300g
- 올리브 오일 20ml
- 이탈리아 프럼 토마토 300g
- 오레가노 약간
- 파르메산 치즈 50g
- 모짜렐라 치즈 150g
- 소금 약간

조리 방법

1. 팬에 올리브 오일을 두르고 토마토는 즙과 함께 넣어 포크로 으깬다. 여기에 오레가노를 넣고 소금으로 간을 맞추어 20분간 재빨리 익힌다.
2. 소스가 완성되는 동안 모짜렐라 치즈를 작은 큐브 모양으로 썰어 둔다.
3. 파스타는 너무 익지 않도록 시간을 잘 조절해 주의해서 삶는다. 파스타가 다 준비되면 물기를 제거한 후 완성된 토마토 소스, 파르메산 치즈, 모짜렐라 치즈를 넣어 살짝 버무린다.
4. 모짜렐라 치즈가 녹아 흘러내릴 때까지 뚜껑을 덮은 채 약 3분간 그대로 둔다. 치즈가 굳기 전 뜨거울 때 제공한다.

25. Bucatini o Spaghetti alla Sorrentina

(Bucatini with Sorrento Sauce)

준비 재료

- 부카티니(bucatini) 또는 스파게티(spaghetti) 300g
- 토마토 소스 300g
- 버터 60g
- 모짜렐라 치즈 150g
- 파르메산 치즈 50g

조리 방법

1. 이 요리는 전통적으로 부카티니를 이용해서 만들었으나, 보다 가늘고 매끄러운 스파게티도 어울린다.
2. 토마토 소스를 만들되, 올리브 오일 대신에 버터를 이용한다.
3. 소스를 만들 동안 파스타를 주의해서 너무 익지 않도록 삶아 낸다.
4. 소스가 다 준비되면 길쭉하고 가늘게 썰어 놓은 모짜렐라 치즈를 넣는다.
5. 치즈를 넣으면 곧바로 녹기 시작하므로 파스타에 물기를 제거한 후 즉시 소스를 부어야 한다. 파스타에 소스를 부은 후에 잘 섞어서 서빙한다. 이때 파르메산 치즈는 따로 제공한다.

26. Rigatoni al Forno con Salsa Aurora

(Baked Rigatoni with Aurora Sauce)

준비 재료

- 리가토니(rigatoni) 또는 짧은 파스타류 300g
- 버터 80g
- 밀가루 80g
- 우유 600ml
- 토마토 소스 200ml
- 소금, 후추 약간
- 파르메산 치즈 100g
- 빵가루 100g

조리 방법

1. 버터, 밀가루, 우유를 이용하여 베샤멜(Bechamel) 소스를 만든다.
2. 완성된 베샤멜 소스를 토마토 소스에 넣어 잘 섞는다. 필요하면 소금과 후추를 넣어 간을 맞춘다.
3. 파스타는 전체 삶는 시간의 1/2만 삶은 후, 물기를 제거하고 소스를 넣어 잘 섞는다. 여기에 치즈를 1/2 분량만 뿌려 준다.
4. 소스와 섞은 파스타를 버터를 바른 오븐 접시에 옮겨 담아 빵가루와 남은 치즈를 뿌려 준다. 남은 버터도 함께 발라 준다.
5. 10분간 뜨거운 오븐에서 구워 완성한다. 오븐에서 꺼낸 후 갈색을 더 내려면 뜨거운 그릴 아래에 몇 분간 더 둔다.

27. Penne al Forno con Pomodoro e Mozzarella

(Baked Penne with Tomato and Cheese)

준비 재료

- 펜네(penne) 또는 짧은 파스타류 300g
- 토마토 소스 200g
- 파르메산 치즈 50g
- 모짜렐라 치즈 200g
- 빵가루 100g

조리 방법

1. 파스타는 전체 삶는 시간의 1/2만 삶은 후, 물기를 제거한다.
2. 한쪽에 토마토 소스를 120g 정도 남겨 두고, 나머지는 파스타에 부어 잘 섞는다.
3. 여기에 파르메산 치즈 1/3 분량을 뿌린다.
4. 버터를 골고루 바른 오븐 접시에 파스타 1/2 분량을 넣은 후, 얇게 슬라이스한 모짜렐라 치즈, 남겨둔 토마토 소스, 남은 파르메산 치즈 1/2 분량을 뿌려 덮는다.
5. 다시 그 위에 남은 파스타를 올려놓고 나머지 파르메산 치즈와 빵가루를 뿌려 덮어 준다.
6. 이 상태로 220℃의 뜨거운 오븐에서 20분간 구워 낸다.

28. Spaghetti Maria Grazia

(Spaghetti with Courettes and Cheese)

준비 재료

- 스파게티(spaghetti) 300g
- 주키니 호박 1.5kg
- 프라이 기름 약간
- 소금, 후추 약간
- 파르메산 치즈, 페코리노 로메노 치즈 각각 50g
- 버터 100g
- 바질 약간

조리 방법

1. 작고 연한 호박을 선택해서 껍질째 얇게 슬라이스한다. 호박 슬라이스를 충분한 양의 기름에 넣어 금갈색이 나며 다소 주름질 때까지 프라이한다. 팬에서 꺼내어 적당량의 기름이 유지되도록 놓아 둔다. 미리 준비해 둘 수 있다.
2. 파스타는 소금으로 간한 끓는 물에 넣어 너무 많이 익지 않도록 주의해서 삶는다.
3. 파스타가 익는 동안 치즈를 갈아 두고, 조리해 둔 호박을 팬에 올려 약한 불에서 데운다. 버터는 여러 조각으로 나누어 서빙볼에 담아 둔다.
4. 파스타가 익으면 물기를 제거하는데, 이때 삶은 물은 소스용으로 30~50ml 정도 따로 남겨 둔다.
5. 버터가 든 서빙볼에 파스타를 천천히 넣은 후, 남겨 둔 파스타 삶은 물을 부어 준다. 이때 파스타가 버터와 골고루 섞여 잘 녹을 수 있도록 계속 저어야 한다.
6. 여기에 갈아 둔 치즈를 뿌리는데, 치즈가 잘 녹아서 스파게티에 진한 노란색 크림 상태로 달라붙을 정도가 될 때까지 계속 섞는다. 이어 호박을 넣은 후 다시 섞는다.
7. 마지막으로 후추를 뿌려 간을 맞추고, 필요하다면 바질 잎을 넣어 준다. 한번 더 잘 섞은 후 제공한다.

29. Spaghetti con Zucchine

(Spaghetti with Cougettes)

준비 재료

- 스파게티(spaghetti) 300g
- 소금, 후추 약간
- 작은 애호박 1.5kg
- 올리브 오일 100ml

조리 방법

1. 소금 간을 한 끓는 물에 파스타를 넣어 너무 익지 않도록 시간을 잘 조절하며 삶아 낸다.
2. 파스타가 익는 동안 호박을 얇게 슬라이스한다. 이때 껍질은 제거하지 않는다.
3. 껍질째 슬라이스 한 호박을 속이 부드러워질 때까지 뜨거운 올리브 오일에 넣어 프라이를 해 둔다.
4. 파스타가 익으면 물기를 제거한 후 프라이한 호박과 올리브 오일을 넣어 휘저어 준다. 여기에 소금과 후추를 넣어 간을 맞춘 다음 제공한다. 이 요리에는 일반적으로 치즈를 제공하지 않는다.

30. Penne o Rigatoni Con Zucchine (Penne with Couragettes, Mozzarella and Eggs)

준비 재료

- 펜네(penne) 또는 리가토니(rigatoni) 300g
- 애호박 1.5kg
- 올리브 오일 100ml
- 소금, 후추 약간
- 파르메산 치즈 50g
- 모짜렐라 치즈 200g
- 계란 2개

조리 방법

1. 호박은 껍질째 얇고 둥글게 잘라 올리브 오일에 살짝 튀긴다. 호박은 적당히 익어 초록색을 유지하되 너무 익지 않도록 주의해야 한다. 조리된 호박에 소금 간을 하여 온기를 유지한다. 올리브 오일은 버리지 말고 남겨 둔다.
2. 파르메산 치즈는 갈아 두고, 모짜렐라 치즈는 작은 큐브 모양으로 썬다.
3. 파스타는 너무 익지 않도록 주의해서 삶아 낸다. 파스타가 다 삶아지면 즉시 물기를 제거하고 데워 놓은 서빙볼에 담아 뜨거운 증기가 올라오도록 한다.
4. 계란 2개는 세게 휘저어 둔다.
5. 뜨거운 파스타에 모짜렐라 치즈를 넣고, 치즈가 잘 녹도록 빨리 저어 준다.
6. 여기에 계란, 호박, 데워 놓은 올리브 오일을 넣어 계란이 약간 굳도록 빨리 저어 준다. 여기에 파르메산 치즈를 뿌린 후 소금과 후추로 간을 맞춘다. 잘 섞은 후 즉시 제공한다.

31. Pasticcio di Maccheroni con le Zucchine

(Baked Pasta with Courgettes)

준비 재료

- 파르펠레(farfelle) 또는 작은 파스타류 300g
- 애호박 1.5kg
- 토마토 소스 200g
- 올리브 오일 100ml
- 버터 50g
- 모짜렐라 치즈 200g

조리 방법

1. 호박은 껍질째 약간 두껍고 둥글게 썰어 올리브 오일에 살짝 튀긴다. 다른 팬에 토마토 소스를 만든다.
2. 소금 간을 한 충분한 양의 끓는 물에 파스타를 넣어 전체 삶는 시간의 1/2만 삶아 낸다. 파스타의 물기를 제거한 후 버터를 넣어 잘 섞는다.
3. 뚜껑이 있고 바닥이 깊은 오븐용 서빙 접시에 버터를 골고루 발라 바닥에 파스타를 얇게 깐다. 그 위에 튀겨 둔 호박 슬라이스를 올리고, 얇은 모짜렐라 치즈 슬라이스로 위를 덮어 준다.
4. 이와 같은 단계로 남은 재료들을 이용하여 층을 쌓되, 사이사이에 모짜렐라 치즈를 얹도록 한다.
5. 버터를 바른 후 220℃의 뜨거운 오븐에 넣어 금갈색이 될 때까지 20분간 구워 낸다. 뜨거울 때 서빙한다.

32. Linguine con Salsa di Spinaci

(Linguine with Spinach)

준비 재료

- 링귀네(linguine) 또는 스파게티(spaghetti) 300g
- 신선한 시금치 잎 600g
- 버터 60g
- 밀가루 60g
- 우유 400ml
- 소금, 후추 약간
- 넛맥 약간
- 파르메산 치즈 50g

조리 방법

1. 시금치는 깨끗이 씻는다. 생 시금치 한 웅큼은 한쪽에 그대로 두고, 나머지는 뚜껑이 있는 소스팬에 넣어 5분간 재빨리 익혀 낸다. 시금치 익힌 물은 남겨 둔다.
2. 버터, 밀가루, 우유를 이용하여 베샤멜(Bechamel) 소스를 만든 후, 보관해 둔 시금치 익힌 물을 넣어 묽게 만든다.
3. 파스타는 시간을 잘 조절해 너무 익지 않도록 주의해서 삶아 낸다.
4. 베샤멜 소스에 익혀서 다진 시금치를 넣은 후, 마지막에 익히지 않은 신선한 시금치 다진 것을 넣어 준다. 신선한 시금치는 소스의 색과 향을 배가시켜 준다.
5. 완성된 소스를 파스타에 부은 후 잘 섞어 즉시 제공한다. 원한다면 파르메산 치즈를 따로 제공할 수 있다.

33. Tagliatelle al Mascarpone e Spinaci

(Tagliatelle with Mascarpone and Spinach)

준비 재료

- 타그리아텔레(tagliatelle) 300g
- 버터 30g
- 마늘 1쪽
- 신선한 시금치 잎 200g
- 진한 생크림 100ml
- 마스카르포네 크림 치즈 100g
- 치킨 스톡 약간
- 소금, 후추 약간

조리 방법

1. 팬에 버터를 녹인 후 마늘을 통째로 넣어 금갈색에 될 때까지 익힌다. 여기에 곱게 다진 시금치를 넣어 연해질 때까지 약한 불에서 익힌다. 익힌 시금치 속의 마늘은 모두 제거한다.
2. 다른 팬에 생크림과 마스카르포네 치즈를 넣은 후 치킨 스톡을 부어 묽게 만들고, 소금과 후추로 간을 맞춘다. 약한 불에서 뭉근히 끓도록 몇 분간 그대로 둔다.
3. 파스타는 너무 익지 않도록 주의해서 삶아 낸다. 파스타의 물기를 제거한 후 데워 놓은 서빙볼에 담아 생크림 소스를 먼저 부은 다음 익혀 둔 시금치를 넣는다. 잘 섞은 후 즉시 제공한다.

34. Pasticcio di Maccheroni con Salsa Verde

(Baked Pasta Shells with a Green Sauce)

준비 재료

- 콘길리에(conchiglie) 300g
- 신선한 시금치 잎 1kg
- 버터 100g
- 치킨 스톡 200ml
- 소금, 후추 약간
- 파르메산 치즈 100g
- 빵가루 100g

조리 방법

1. 시금치는 깨끗이 씻은 후 뚜껑 있는 소스팬에 넣어 약 5분간 재빨리 익혀 낸다. 이때 시금치를 씻은 후 남아 있는 물기만으로도 익힐 수 있으므로 따로 물을 첨가하지는 않는다.
2. 익힌 시금치의 물기를 제거한 후 곱게 다진다. 팬에 버터 20g을 넣어 녹인 후 다진 시금치를 넣어 5분간 저은 다음 치킨 스톡을 부어 준다. 소스를 졸이기 위해 강한 불에서 조리한 후 간을 맞추고, 치즈 80g을 넣어 진한 크림 소스 형태로 완성한다.
3. 파스타는 전체 삶는 시간보다 조금 줄여서 삶아 낸다. 파스타의 물기를 제거한 후 녹인 버터 60g을 넣어 살살 버무린다.
4. 바닥이 깊은 오븐용 접시에 버터를 바른 후, 파스타와 소스를 교대로 쌓되 가장 위쪽은 파스타 층으로 마무리한다.
5. 여기에 남은 치즈와 빵가루를 뿌려 덮은 후 버터를 올리고 후추로 간을 한다.
6. 220℃의 뜨거운 오븐에 넣어 10분간 구워 낸다. 필요하다면 뜨거운 그릴에 넣어 마무리 한다.

35. Pasta 'Chi Vrocculi Arriminati'

(Rigatoni with Sicilian Cauliflower Sauce)

준비 재료

- 리가토니(rigatoni) 300g
- 콜리플라워 1.5개
- 소금 약간
- 올리브 오일 30ml
- 양파 1개
- 사프란(따뜻한 물에 녹인 것) 1/4ts
- 앤초비 3개
- 건포도 50g
- 잣 또는 부순 아몬드 50g
- 페코리노 로메노 치즈 또는 파르메산 치즈 60g
- 바질 잎 3개

조리 방법

1. 콜리플라워는 깨끗이 씻어 거친 잎사귀는 떼어 낸 후 소금 간한 끓는 물에 넣어 통째로 삶는다. 약간 단단하게 느껴질 때쯤 콜리플라워를 꺼내고 삶은 물은 따로 보관해 둔다. 이때 콜리플라워가 너무 익지 않도록 주의한다.
2. 큰 팬에 올리브 오일을 반만 두르고 곱게 다진 양파를 넣는다. 양파의 색이 변하기 시작할 때 미지근한 물에 녹인 사프란을 함께 넣은 후 뚜껑을 덮고 10분간 익힌다.
3. 작은 팬에 남아 있는 오일을 두르고 다진 앤초비를 넣어 익힌다.
4. 큰 팬의 다진 양파에 익힌 앤초비, 건포도, 부순 아몬드를 함께 넣어 잘 저어 준 후 뚜껑을 덮은 상태에서 불을 끈다.
5. 파스타는 콜리플라워 삶은 물에 소금을 첨가한 후 너무 익지 않도록 주의해서 삶아 낸다.
6. 파스타의 물기를 제거한 후 콜리플라워와 완성된 소스를 넣어 저어 준다. 치즈와 다진 바질을 넣은 후 잘 섞어 제공한다.

36. Penne al Cavolfiore

(Penne with Cauliflower Sauce)

준비 재료

- 펜네(penne) 또는 짧은 파스타류 300g
- 올리브 오일 30ml
- 마늘 2쪽
- 칠리 페퍼 1개
- 콜리플라워 1개
- 이탈리아 프럼 토마토 200g
- 치킨 스톡 200ml
- 진한 생크림 200ml

조리 방법

1. 팬에 올리브 오일을 두르고 다진 마늘과 다진 칠리 페퍼(또는 통째 칠리 페퍼)를 넣어 10분간 익힌다. 여기에 꽃과 분리한 콜리플라워를 넣고 5분간 더 익힌다.
2. 위의 콜리플라워 혼합물에 다진 토마토를 즙과 함께 넣어 10분간 약한 불에서 익힌 후 치킨 스톡을 부어 준다. 스톡은 뭉근히 끓도록 그대로 둔다.
3. 파스타는 조리 방법에 따라 너무 익지 않도록 주의하면서 삶아 낸다.
4. 콜리플라워 혼합물에 생크림을 넣은 후, 통째로 넣은 칠리 페퍼를 제거한다. 콜리플라워는 감자 으깨는 기구로 으깬다.
5. 파스타의 물기를 제거한 후 완성된 소스를 부어 잘 섞어 주고 즉시 제공한다.

37. Linguine alle Olive

(Linguine with Black Olives Sauce)

준비 재료

- 링귀네(linguine)
  또는 스파게티(spaghetti) 300g
- 마늘 2쪽
- 블랙 올리브 100g
- 올리브 오일 50ml
- 파슬리, 소금 약간

조리 방법

1. 마늘과 블랙 올리브를 함께 넣어 다진 뒤 부드럽게 하기 위해 올리브 오일 1/2 분량에 몇 시간 동안, 혹은 가능하다면 밤새 그대로 담가 둔다.
2. 파스타는 너무 익지 않도록 주의해서 삶는다.
3. 파스타를 삶는 동안 남은 1/2 분량의 올리브 오일을 데워 다져 둔 올리브 위에 부은 후, 파슬리를 뿌리고 소금으로 간을 맞춘다. 약한 불에서 뭉근히 끓인다.
4. 파스타의 물기를 제거한 후 완성된 올리브 소스를 부어 잘 젓는다. 이 요리는 일반적으로 치즈를 제공하지 않는다.

38. Penne alle Olive

(Penne with Olive and Tomato Sauce)

준비 재료

- 펜네(penne) 또는 짧은 파스타류 300g
- 올리브 오일 30ml
- 마늘 2쪽
- 칠리 페퍼 또는 마른 칠리 가루 1개
- 이탈리아 프럼 토마토 600g
- 블랙 올리브 100g
- 파슬리, 소금 약간

조리 방법

1. 팬에 올리브 오일을 두르고 달궈지면 다진 마늘과 칠리 페퍼를 넣어 마늘이 금갈색으로 변할 때까지 볶는다.
2. 여기에 토마토를 즙과 함께 넣어 20분간 익힌다. 어느 정도 익으면 다진 블랙 올리브를 넣고 소금으로 간을 맞춘다.
3. 파스타는 많이 삶거나 적게 삶거나 양에 상관 없이 시간을 잘 조절해 너무 익지 않도록 삶아 낸다.
4. 파스타의 물기를 제거한 후, 데워 놓은 서빙 접시에 담아 소스를 부어 젓는다. 마지막에 다진 파슬리를 뿌려 낸다.

39. Spaghetti alla Rughetta

(Spaghetti with Rocket)

준비 재료

- 스파게티(spaghetti) 300g
- 올리브 오일 50ml
- 마늘 3쪽
- 칠리 페퍼 1~2개
- 로켓 잎 90g

조리 방법

1. 파스타는 너무 익지 않도록 조리 방법에 따라 시간을 잘 조절해 삶는다. 파스타를 삶는 마지막 5분 동안에 로켓 잎을 넣어 익힌다.
2. 파스타를 삶는 동안 팬에 올리브 오일을 둘러 다진 마늘과 칠리 페퍼를 넣고 약한 불에서 볶아 둔다.
3. 파스타의 물기를 제거하고 다진 마늘과 칠리 페퍼, 뜨거운 올리브 오일을 부어 잘 저은 후 즉시 제공한다.

40. Spaghetti con Pomodori e Rughetta

(Spaghetti with Fresh Tomato and Rocket)

준비 재료

- 스파게티(spaghetti) 300g
- 토마토 300g
- 마늘 3쪽
- 로켓 잎 다진 것 50g
- 올리브 오일 20ml
- 소금, 후추 약간

조리 방법

1. 토마토는 끓는 물에 통으로 넣어 몇 분간 익힌 후 껍질을 벗긴다.
2. 껍질을 벗긴 토마토를 곱게 다진 후 다진 마늘, 로켓 잎과 함께 큰 볼에 담는다.
3. 재료를 담은 볼에 올리브 오일을 붓고 소금과 후추로 간을 맞춘 후, 2시간 이상 그대로 둔다.
4. 파스타는 너무 익지 않도록 조리 방법에 따라 시간을 잘 조절해 삶아 낸다.
5. 파스타의 물기를 제거한 후 완성된 소스를 붓고 잘 섞어 제공한다.

41. Tagliatelle con Cipolle

(Tagliatelle with Onion Sauce)

준비 재료

- 타그리아텔레(tagliatelle) 300g
- 버터 100g
- 양파 400g
- 치킨 스톡 200ml
- 생크림 200ml
- 소금, 후추 약간
- 넛맥 약간

조리 방법

1. 뚜껑 있는 팬에 버터를 녹인 후 얇게 슬라이스한 양파를 넣어 갈색빛이 나고 부드러워질 때까지 약한 불에서 익힌다. 이때 양파가 너무 익지 않도록 주의한다.
2. 여기에 치킨 스톡을 넣어 뚜껑을 덮고 약 25분간 뭉근히 끓인다.
3. 익힌 양파를 퓨레(Purée)한 후 생크림을 넣고 소금, 후추, 넛맥을 넣어 간을 맞춘다.
4. 파스타는 너무 익지 않도록 주의해서 삶는다. 파스타의 물기를 제거한 후 데워 놓은 서빙볼에 담아 소스를 붓고 잘 섞는다. 필요하면 파르메산 치즈는 따로 제공한다.

※ 양파 소스를 만드는 다른 방법으로는 생크림 대신 앤초비를 넣어 만들 수 있다. 껍질 벗긴 양파를 한 시간가량 찬물에 담가 둔다. 양파를 슬라이스한 후, 앞의 레시피대로 하되, 버터 대신 올리브 오일 50ml를 넣는다. 곱게 다진 앤초비를 올리브 오일에 넣어 서서히 익힌다. 이때 스파게티나 부카티니를 대개 이용한다. 파스타는 물기를 제거한 후 파르메산 치즈 50g을 넣은 다음 소스에 부어 잘 섞는다. 이 양파 소스는 리가토니 제노베제(Rigatoni alla Genovese) 요리에도 사용된다.

42. Penne con Peperoni

(Quills with Sweet Pepper Sauce)

준비 재료

- 펜네(penne) 또는 자른 짧은 파스타류 300g
- 붉은 또는 노란 피망(페퍼) 800g
- 올리브 오일 60ml
- 마늘 3쪽
- 소금 약간
- 파슬리 약간

조리 방법

1. 붉은색과 노란색 피망(페퍼)은 씨와 섬유질을 제거한 후, 파스타와 같은 크기로 길쭉하게 자른다.
2. 팬에 올리브 오일을 두른 후, 다진 마늘을 넣어 색깔이 변할 때쯤 페퍼를 넣는다. 팬 뚜껑을 덮고 10분간 약한 불에서 익힌다. 이어 뚜껑을 열은 채 센 불에서 5분간 더 익힌다. 소금으로 간을 맞춰 소스를 완성한다.
3. 파스타는 너무 익지 않도록 주의해서 삶아 낸다.
4. 삶은 파스타의 물기를 제거한 후 데워 놓은 서빙볼에 담고, 페퍼 혼합물과 다진 파슬리를 넣어 섞은 다음 즉시 제공한다.

43. Peperoni Ripieni di Pasta

(Sweet Peppers with Pasta Stuffing)

준비 재료

- 자르거나 짧은 작은 파스타류 200g
- 피망(페퍼) 큰 것 4개
- 소금, 후추 약간
- 올리브 오일 20ml
- 블랙 올리브 100g
- 다진 파슬리 약간
- 마늘 1쪽
- 앤초비 필레 4개
- 케이퍼 1ts
- 모짜렐라 치즈 100g

조리 방법

1. 피망(페퍼)은 끝부분을 잘라 구멍이 나지 않도록 조심해서 씨를 제거한다. 페퍼 안쪽에 소금, 후추, 오일을 약간 뿌린다.
2. 블랙 올리브는 파슬리, 마늘, 앤초비, 케이퍼와 함께 다진다.
3. 모짜렐라 치즈는 작은 큐브 모양으로 잘라 소스를 만든다.
4. 파스타는 본래 삶는 시간의 1/2 정도만 삶는다. 삶은 파스타의 물기를 제거한 후, 다진 재료들과 치즈를 넣어 잘 섞는다. 이 혼합물을 페퍼 속에 채워 넣는다.
5. 기름칠을 한 베이킹 트레이에 올려 200℃의 오븐에 넣어 35분간 익힌다. 만약 페퍼의 색이 너무 빨리 갈색으로 변할 경우에는 호일로 감싼다.

44. Linguine con Peperoni

(Linguine with Sweet Pepper)

준비 재료

- 링귀네(linguine)
  또는 스파게티(spaghetti) 300g
- 올리브 오일 30ml
- 마늘 4쪽
- 양파 1개
- 붉은 피망과 노란 피망(페퍼)
  큰 것 4개
- 소금 약간

조리 방법

1. 팬에 올리브 오일을 두른 후, 다진 마늘과 양파를 넣어 볶는다.
2. 피망(페퍼)은 씨와 섬유질을 제거한 후, 다진 마늘을 속에 넣는다. 소금을 약간 뿌려 뚜껑을 덮은 채 2시간 동안 약한 불에서 스튜(Stew)한다(질그릇에 담아 오븐에 넣을 수도 있다).
3. 페퍼를 체에 걸러 낸 후 온기를 유지한다. 이때 블렌더나 푸드 프로세서를 사용하지 않는다.
4. 파스타는 너무 익지 않도록 주의해서 삶는다. 파스타의 물기를 제거한 후 데워 놓은 서빙볼에 담고 완성된 소스를 부어 섞은 후 즉시 제공한다.

※ 붉은 페퍼 2개, 노란 페퍼 2개, 녹색 페퍼 2개, 올리브 오일을 이용해 위의 소스와 유사한 소스를 간단하게 만들 수도 있다. 이때 페퍼를 체에 거른 후 파스타에 붓기 전에 소스에 약간의 생크림을 넣어 준다.

45. Spaghetti ai Fiori ai Zucca

(Spaghetti with Courgette Flowers)

준비 재료

- 스파게티(spaghetti) 300g
- 올리브 오일 50ml
- 마늘 3쪽
- 칠리 페퍼 1개
- 마른 칠리 페퍼 가루 1/4개
- 스콰시(호박) 꽃잎 6개

조리 방법

1. 팬에 올리브 오일을 두른 후 다진 마늘과 칠리 페퍼를 넣고 익힌다. 여기에 다진 호박 꽃잎을 넣어 5분간 잘 섞은 후 온기를 유지한다.
2. 파스타는 너무 익지 않도록 주의해 삶아 낸다. 파스타의 물기를 제거하기 전에 소스를 먼저 데워 뜨겁게 유지한다.
3. 면의 물기를 제거하고 뜨거운 상태의 소스를 부은 다음 올리브 오일이 골고루 잘 섞이도록 재빨리 저은 후 즉시 제공한다.

46. Vermicelli Abruzzesi

(Pasta and Courgette Flowers From Abruzzi)

준비 재료

- 베르미첼리(vermicelli) 또는 스파게티(spaghetti) 300g
- 올리브 오일 30ml
- 양파 1개
- 사프란을 녹인 약간의 뜨거운 스톡 5ml
- 다진 파슬리 30ml
- 스콰시(호박) 꽃잎 6개
- 스톡 200ml
- 계란 노른자 1개
- 파르메산 치즈 50g
- 소금, 후추 약간

조리 방법

1. 팬에 올리브 오일을 두른 후 다진 양파를 넣어 부드러워질 때까지 볶는다.
2. 여기에 사프란이 녹아 있는 뜨거운 스톡, 다진 파슬리와 다진 호박 꽃잎을 넣어 10분간 더 익힌다.
3. 이 혼합물을 블렌더에 넣어 간 다음, 다시 팬에 부어 온기를 유지한다.
4. 파스타는 너무 익지 않도록 조리 방법에 따라 시간을 잘 조절해 삶아 낸다.
5. 준비한 혼합물에 계란 노른자, 파르메산 치즈를 넣고 소금과 후추로 간을 맞춰 소스를 완성한다.
6. 물기를 제거한 파스타에 완성된 소스를 부은 후 잘 섞어 제공한다.

47. Pasta al Forno con Asparagi

(Baked Pasta with Asparagus)

준비 재료

- 펜네(penne) 또는 자른 짧은 파스타류 300g
- 아스파라거스 800g
- 버터 100g
- 치킨 스톡 100ml
- 소금, 후추 약간
- 리코타 치즈 또는 비슷한 종류의 크림 치즈 200g
- 파르메산 치즈 100g
- 올리브 오일 30ml
- 계란 3개

조리 방법

1. 아스파라거스는 잘 씻은 후 질긴 줄기 부위를 제거한 다음 짧게 자른다. 팬에 버터 40g을 넣어 녹인 후 손질한 아스파라거스를 넣어 약한 불에서 20분 가량 익힌다. 팬에 소량의 스톡을 자주 넣어 물기를 유지한다. 아스파라거스가 다 익으면 양념하여 간을 맞춘다.
2. 아스파라거스가 익는 동안 리코타 치즈에 올리브 오일을 넣어 갈아 둔다.
3. 파스타는 전체 삶는 시간의 1/2 정도만 익힌 다음 물기를 제거한 후, 남은 버터와 파르메산 치즈를 넣어 버무린다.
4. 바닥이 깊은 오븐용 접시에 버터를 바른 후, 파스타를 바닥에 얇게 깐 다음 아스파라거스, 파스타, 리코타 치즈 순으로 쌓아 올리되 마지막에는 파스타로 마무리한다.
5. 계란과 남은 치즈를 잘 섞은 후 접시 위에 부은 다음 후추를 뿌리고, 180℃의 오븐에서 20분간 구워 낸다.

48. Tagliatelle alla Asparagi

(Tagliatelle with Asparagus)

준비 재료

- 타그리아텔레(tagliatelle) 또는 그린, 화이트 파스타류 300g
- 아스파라거스 300g
- 소금, 후추 약간
- 버터 100g
- 빵가루 50g
- 진한 생크림 100ml
- 치킨 스톡 200ml
- 폰티나 치즈, 그리에 치즈 또는 에멘탈 치즈 75g

조리 방법

1. 아스파라거스는 잘 씻어 질긴 줄기 부위를 제거한다.
2. 손질한 아스파라거스는 바닥이 얇은 큰 팬에 물을 끓여 소금을 넣고 뚜껑을 덮은 채 약 8~10분가량 익힌다. 팬에서 꺼내어 물기를 제거한 후 찬물에 넣는다. 다시 물기를 제거하고 2cm 길이로 자른다.
3. 큰 팬에 버터를 녹인 후 빵가루를 넣어 약한 불에서 2분가량 계속 저어 가며 익힌다. 여기에 생크림과 치킨 스톡을 소량 넣은 후 잘 섞는다. 마지막에 아스파라거스와 소금, 후추를 넣어 간을 맞춘다. 5분간 익힌 후 온기를 유지한다.
4. 파스타는 너무 익지 않도록 주의해서 삶는다.
5. 파스타의 물기를 제거한 후, 완성된 아스파라거스 소스를 부어 준다. 여기에 다시 치즈를 뿌린 다음 녹을 때까지 잘 섞는다. 뜨거운 접시에 옮겨 담아 즉시 제공한다.

49. Pasta alla Primavera

(Spring Pasta)

준비 재료

- 탈리올리니(tagliolini) 300g
- 아스파라거스 10개
- 껍질 얇은 그린 피스 100g
- 잠두콩 또는 그린 빈스 100g
- 소금, 후추 약간
- 버터 50g
- 진한 생크림 150ml
- 파르메산 치즈 60g

조리 방법

1. 야채들은 소량의 끓는 소금물에 넣어 각각 따로 익힌다. 색깔과 질감을 유지하기 위해 약간 덜 익히는 것이 좋다. 익힌 야채는 즉시 찬물에 헹군다.
2. 아스파라거스는 연한 부위를 2cm 길이로 자른다. 껍질을 벗긴 잠두콩의 외피는 제거한다. 만약 그린 빈스를 사용할 경우에는 짤막하게 자른다.
3. 파스타를 삶기 위해 물을 끓인다. 면을 끓는 물에 넣을 때쯤 작은 팬에 버터를 녹여 여러 가지 야채들을 넣고 2분간 익힌다.
4. 볶은 야채들에 버터와 함께 생크림을 넣고, 소금과 후추를 첨가해 간을 맞춘 후 약한 불에서 다시 익힌다.
5. 파스타는 물기를 제거한 다음 데워 놓은 서빙 접시에 담아 치즈를 뿌리고 야채와 생크림을 넣는다. 전체적으로 골고루 잘 섞은 후 즉시 제공한다.

50. Pasta con la Verdura

(Pasta with Green Vegetable)

준비 재료

- 타그리아텔레(tagliatelle) 또는 리본 파스타류 300g
- 소금 약간
- 감자 3개
- 브로콜리 또는 콜리플라워 200g
- 애호박 1개 또는 그린 빈스 3개
- 시금치 잎 또는 청경채 잎 300g
- 버터 30g
- 양파 1개
- 폰티나 치즈 또는 에멘탈 치즈 90g

조리 방법

1. 모든 야채 재료들을 넣기에 충분히 큰 팬에 소금 간한 물을 끓인다. 여기에 썬 감자를 넣어 10분간 익힌다. 이어 잘게 썬 브로콜리, 통 애호박, 시금치를 넣어 블랜칭(Blanching)한다.
2. 작은 팬에 버터를 녹인 다음 곱게 다진 양파를 넣어 팬 뚜껑을 덮은 채 부드러워질 때까지 익힌다.
3. 팬에 마지막 야채를 넣은 10분 후에 타그리아텔레 파스타 또는 프레시 파스타를 끓는 물에 넣어 즉시 삶아 낸다.
4. 뚜껑 달린 오븐용 큰 접시를 220℃의 오븐에 넣어 데워 둔다.
5. 파스타는 물기를 제거하고 야채들은 체에 대강 거른다. 접시에 파스타와 야채 1/2 분량을 담는다. 양파와 치즈 1/2 분량을 올린 다음 남아 있는 파스타와 야채를 올리고 나머지 양파와 치즈를 올린다. 오븐에 넣어 5분간 익힌 후 제공한다.

51. Orecchiette con Cime di Rape

(Orecchiette with Turnip Tops)

준비 재료

- 오르치에테(orcchiette) 또는 짧은 파스타류 300g
- 무 잎이나 브로콜리 또는 그린 빈스 300g
- 소금 약간
- 올리브 오일 50ml
- 마늘 4쪽
- 칠리 페퍼 또는 마른 칠리 가루 1~2개

조리 방법

1. 야채는 씻어서 가늘고 길쭉하게 썬다. 브로콜리를 이용할 경우에는 질긴 줄기 부위는 제거하고 반을 갈라 빨리 익힐 수 있도록 한다.
2. 소금 간한 물이 든 팬을 데워 물이 끓으면 야채를 넣고 질감과 색깔을 유지할 정도로 너무 무르지 않게 익힌다. 익힌 야채의 물기를 제거하고 끓인 물은 따로 보관한다.
3. 야채 끓인 물을 가져와 파스타 삶기에 충분한지 점검한 다음 필요하면 물을 더 부어준다. 파스타는 너무 익지 않도록 시간을 조절해 삶아 낸다.
4. 파스타를 삶는 동안 큰 팬에 올리브 오일을 두르고 다진 마늘과 칠리 페퍼를 넣어 마늘이 갈색이 될 때 까지 저어 가며 익힌다. 너무 검게 그을리지 않도록 주의한다.
5. 파스타가 거의 익어갈 무렵 야채를 파스타에 넣어 3분간 함께 익힌다. 체를 이용해 물기를 제거한 후, 데워 놓은 큰 서빙 접시에 담아 뜨거운 오일 혼합물을 부어 잘 섞는다. 통 칠리 페퍼를 사용했다면 제거한 후 서빙한다. 일반적으로 치즈는 제공하지 않는다.

※ 이 요리는 처음에 앤초비 필레 6개를 씻어서 곱게 다진 다음, 다진 마늘과 칠리 페퍼를 넣어 만들 수도 있다.

52. Orecchiette con Broccoli e Pomodoro

(Orecchiette with Broccoli and Tomatoes)

준비 재료

- 오르치에테(orcchiette) 300g
- 브로콜리 400g
- 소금 약간
- 토마토 소스 200ml
- 파르메산 치즈 90g
- 파슬리 약간

조리 방법

1. 브로콜리는 깨끗이 씻어서 반을 갈라 빨리 익힐 수 있도록 하고, 질긴 줄기 부위는 제거한다.
2. 소금 간한 물이 든 팬을 데워 물이 끓으면 브로콜리를 넣고 질감과 색깔을 유지할 정도로 너무 무르지 않게 익힌다.
3. 파스타는 브로콜리 삶은 물을 활용해 너무 익지 않도록 주의해서 삶는다.
4. 파스타가 다 익기 3분 전에 브로콜리를 넣는다. 체를 이용해 물기를 빼고 뜨거운 서빙 접시에 담는다.
5. 여기에 뜨거운 토마토 소스를 부어 잘 섞는다. 치즈를 뿌린 후 잘 녹도록 섞은 다음, 다진 파슬리를 뿌려 제공한다.

53. Pasta con le Fave al Prosciutto

(Penne with Broad Beans and Ham)

준비 재료

- 펜네(penne) 또는 파르펠레(farfelle) 300g
- 올리브 오일 30ml
- 양파 1개
- 셀러리 1개
- 베이컨 3~4개
- 잠두콩 300g
- 소금, 후추 약간
- 햄 100g
- 설탕 5g
- 와인 비네거 90ml

조리 방법

1. 팬에 올리브 오일을 두르고 데운 다음 곱게 다진 양파, 셀러리, 베이컨을 넣어 약한 불에서 익힌다.
2. 잠두콩은 소금 간한 끓는 물에 넣어 10분가량 익힌다. 물기를 제거한 후 앞서 만든 베이컨 혼합물과 섞는다.
3. 햄은 길쭉하게 썰어 둔다.
4. 파스타는 주의하여 너무 익지 않도록 잘 삶아 낸다.
5. 잠두콩과 베이컨 혼합물에 햄을 넣어 잘 섞은 다음 소금과 후추로 간을 맞춘다. 단맛을 원한다면 설탕과 와인 비네거를 넣은 다음 약한 불에서 익힌다.
6. 파스타는 물기를 제거한 후 잠두콩과 베이컨 혼합물에 넣어 잘 섞는다.
7. 완성된 파스타를 데워 놓은 접시에 옮겨 담아 서빙한다. 일반적으로 치즈는 제공하지 않는다.

54. Taglioini e Piselli

(Tagliolini with Fresh Peas)

준비 재료

- 탈리올리니(tagliolini) 또는 작고 짧은 파스타류 300g
- 껍질 있는 얇은 그린 피스 300g
- 소금, 후추 약간
- 버터 100g
- 양파 1개
- 바질 잎 6개
- 파르메산 치즈 90g

조리 방법

1. 그린 피스는 소금 간한 끓는 물에 5분간 넣어 익힌 후, 바로 찬물에 담근다. 끓인 물은 4Ts 정도를 남겨 둔다.
2. 팬에 버터를 녹여 곱게 다진 양파를 넣고 색깔이 변하지 않을 정도로 익힌다.
3. 파스타는 주의하여 너무 익지 않도록 삶아 낸다.
4. 파스타가 다 익기 5분 전쯤에 버터와 양파를 볶은 혼합물에 그린 피스, 그린 피스 끓인 물을 넣고 소금과 후추로 간을 한다.
5. 파스타는 물기를 제거한 후 치즈를 뿌리고, 그린 피스 혼합물을 부어 잘 섞는다. 다진 바질 잎을 뿌린 후 제공한다.

55. Pasta e Piselli con la Pancetta

(Pasta with Peas and Bacon)

준비 재료

- 펜네(penne) 또는 파르펠레(farfelle) 300g
- 올리브 오일 30ml
- 버터 30g
- 다진 양파 200g
- 베이컨 100g
- 껍질 얇은 그린 피스 300g
- 소금, 후추 약간
- 파르메산 치즈 90g

조리 방법

1. 큰 팬에 올리브 오일을 두른 후 버터를 녹인 다음 다진 양파를 넣어 5분간 익힌다. 여기에 작은 큐브 모양으로 썬 베이컨을 넣어 거의 익어갈 무렵 그린 피스를 넣는다. 소금과 후추로 간을 맞춘 다음 서서히 익힌다.
2. 파스타는 전체 삶는 시간에서 5분 정도 빨리 건져 덜 익힌다.
3. 파스타의 물기를 제거한 후 그린 피스 혼합물을 넣고, 여기에 파스타 삶은 물 4Ts을 넣어 준다.
4. 파스타와 그린 피스 혼합물을 모두 넣고 뚜껑을 덮은 채 5분간 더 익히고, 물기는 제거하지 않는다. 필요하면 치즈는 따로 제공하도록 한다.

56. Tagliolini con la Zucca

(Pumpkim Pasta)

준비 재료

- 계란을 넣은 탈리올리니(tagliolini) 또는 생 파스타류 300g
- 노란 호박 및 그린 피스 1kg
- 버터 60g
- 대파 1개
- 셀러리 1개
- 치킨 스톡 200ml
- 소금, 후추 약간
- 넛맥 약간
- 진한 생크림 100ml
- 파르메산 치즈 80g

조리 방법

1. 팬에 버터 1/2 분량을 녹인 후, 곱게 다진 대파와 셀러리를 넣어 익힌다.
2. 호박은 껍질을 벗기고 씨와 섬유질을 제거한 다음 얇게 슬라이스한다.
3. 슬라이스한 호박에 다진 대파와 셀러리를 넣은 다음 몇 분간 저으며 섞는다. 소량의 치킨 스톡을 부어 뚜껑을 덮은 채 필요할 때마다 스톡을 조금씩 넣어 가며 20분간 익힌다.
4. 위의 소스에 소금, 후추, 넛맥을 넣어 간을 맞추고 블렌더에 넣어 갈아 준다. 갈은 소스를 팬에 담아 온기를 유지한다.
5. 파스타는 너무 익지 않도록 주의해서 삶아 낸다. 특히 생 파스타는 몇 분이면 다 익으므로 끓는 물에서 건져 내는 즉시 소스와 생크림을 넣어 준다.
6. 파스타의 물기를 제거한 후 데워 놓은 접시에 담아 치즈를 뿌리고 호박 소스를 부어 잘 섞는다. 남아 있는 버터를 넣은 후 즉시 제공한다.

57. Ciceri e Tria

(Chick Peas and Pasta)

준비 재료

- 타그리아텔레(tagliatelle) 250g
- 얇거나 작은 치크 피스 200g
- 중탄산 소다 5ml
- 당근, 양파 각각 1개
- 셀러리, 파슬리 각각 1개
- 이탈리아 프럼 토마토 200g
- 올리브 오일 30ml
- 월계수 잎 1개
- 소금, 후추 약간

조리 방법

1. 건조된 치크 피스는 깨끗이 씻어 미지근한 물이 담긴 볼에 넣어 둔다. 이 물에 중탄산 소다와 소금 5ml를 넣어, 적어도 12시간을 담가 둔다. 냉동 치크 피스를 사용하면 맛이 떨어진다.
2. 치크 피스의 물기를 제거한 후, 월계수 잎을 넣은 물에 넣어 1시간가량 끓인다.
3. 마늘, 양파, 당근, 셀러리, 파슬리는 푸드 블렌더를 이용하여 곱게 다진다.
4. 치크 피스가 다 삶아지면 물기를 제거한 후, 팬에 담아 갈은 야채들과 토마토를 넣는다. 끓는 물을 부어 뚜껑을 덮은 채 1시간가량 익히되 물이 마르지 않도록 주의한다.
5. 치크 피스가 다 준비되면, 충분한 양의 물을 끓여 소금 간한 다음 파스타 1/2 분량을 넣는다. 파스타는 너무 익지 않도록 주의해서 삶아 낸다. 남아 있는 익히지 않은 파스타는 잠시 한쪽에 둔다. 나중에 프라이를 하여 함께 사용한다.
6. 남아 있는 파스타를 뜨거운 오일에 넣어 나무 스푼으로 내내 저어 가며 프라이를 한다. 파스타는 몇 분 내로 팽창하여 금갈색으로 변한다.
7. 서빙볼에 준비한 파스타와 올리브 오일을 넣어 잘 섞은 후 프라이 파스타가 아싹아싹할 때 즉시 제공한다.

58. Lampe e Tuone

(Lightning and Thunder)

준비 재료

- 타그리아텔레(tagliatelle) 300g
- 마른 얇은 피스 또는 작은 치크 피스 200g
- 중탄산 소다 10ml
- 올리브 오일 80ml
- 파슬리 10g
- 오레가노 10g
- 매운 칠리 또는 칠리 가루 1/2개
- 소금 약간

조리 방법

1. 치크 피스는 깨끗이 씻어 미지근한 물이 담긴 볼에 넣어 둔다. 이 물에 중탄산 소다와 소금 5ml를 넣어, 12시간 이상 담가 둔다.
2. 물기를 제거한 치크 피스와 올리브 오일, 다진 마늘을 함께 소스팬에 넣는다. 여기에 소금 간을 하지 않은 끓는 물 1L를 부은 후, 치크 피스가 연해질 때까지 2시간가량 익힌다. 필요하다면 끓는 물을 더 부어 수분이 마르지 않도록 한다.
3. 치크 피스가 알맞게 익으면 다진 파슬리, 오레가노, 칠리 가루를 넣은 후 소금으로 간을 맞춘다.
4. 치크 피스를 큰 소스팬에 옮겨 담는다. 다시 끓는 물 2L를 부은 후 혼합물이 끓기 시작하면, 그때 파스타를 넣어 삶는다.

59. Pasta e Ceci

(Chick Peas and Pasta Broth)

준비 재료

- 짧은 파스타(자른 파스타도 가능) 200g
- 마른 얇은 치크 피스 200g
- 중탄산 소다 10ml
- 소금, 후추, 마늘 약간
- 올리브 오일 30ml
- 거친 베이컨 3개
- 이탈리아 프럼 토마토 200g
- 월계수 잎 2개

조리 방법

1. 치크 피스는 깨끗이 씻어 미지근한 물이 담긴 볼에 넣어 둔다. 이 물에 중탄산 소다와 소금 5ml를 넣어 12시간 이상 담가 둔다. 치크 피스의 물기를 제거하고 따뜻한 물 2.5L가 든 소스팬에 넣어 둔다.
2. 올리브 오일 1Ts을 넣고 베이컨 조각과 다진 마늘을 넣어 서서히 프라이한 다음 다진 토마토와 월계수 잎을 넣는다. 이 혼합물을 치크 피스에 넣은 후, 2시간 30분가량 서서히 익힌다. 월계수 잎은 제거한다.
3. 치크 피스 혼합물 1/2 분량은 퓨레(Purée)한 다음, 남아 있는 소스팬 혼합물에 다시 넣어 끓인다.
4. 여기에 파스타를 넣어 15분간 더 익힌다. 소금과 후추를 넣어 간을 맞춘 다음 제공한다. 대부분의 이탈리아인들은 먹기 직전에 올리브 오일을 한 스푼 첨가한다.

60. Pasta e Lenticchie

(Small Pasta and Lentil Broth)

준비 재료

- 작은 파스타류 300g
- 그린 렌틸콩 200g
- 올리브 오일 30ml
- 양파 1개
- 셀러리 1개
- 마늘 2쪽
- 칠리 페퍼 1개
- 치킨 스톡 400ml
- 소금 약간

조리 방법

1. 렌틸콩은 우선 흐르는 물에 깨끗이 씻어 손질한 뒤, 시간이 충분하다면 찬물에 12시간 정도 담가 둔다. 급할 경우에는 팬에 찬물을 부은 후 5분가량만 불린다.
2. 소금 간을 하지 않은 물에 렌틸콩을 넣고 30분간 익힌다.
3. 익힌 렌틸콩에 오일을 넣고 다진 야채들과 칠리 페퍼를 넣어 5분간 약한 불에서 볶는다. 이어 뚜껑을 덮은 채 약한 불에서 20분간 더 익힌다.
4. 팬 뚜껑을 열고 파스타를 넣어 10분가량 다시 익힌다. 필요하면 끓는 물을 조금씩 부어 가며 익힌다. 진한 치킨 스톡이 준비되면 소금으로 간을 한다. 물기를 제거하지 않은 채 즉시 제공한다.

※ 시칠리아(Sicilia) 방식으로 요리하면 렌틸콩을 익힌 뒤 블렌더에 갈아 진한 퓨레(Purée)를 만든다. 파스타가 익으면 물기를 제거한 다음 렌틸콩 퓨레, 블랙 페퍼, 파르메산 치즈를 넣어 잘 섞어 제공한다.

61. Bucatini ai Fagioli

(Bucatini with Beans)

준비 재료

- 부카티니(bucatini) 또는 스파게티(spaghetti) 300g
- 마른 빈스 100g
- 올리브 오일 50ml
- 햄 또는 베이컨 100g
- 파슬리 약간
- 세이지, 로즈메리 약간
- 칠리 페퍼, 마늘 약간
- 파르메산 치즈, 페코리노 로마노 치즈 또는 비슷한 종류의 치즈 80g

조리 방법

1. 마른 빈스를 물에 담가 두었다가 물기를 제거한 후, 다시 팬에 물과 함께 넣어 1시간 가량 익힌다.
2. 다른 팬에 올리브 오일을 두르고 성냥 모양으로 썬 햄과 베이컨을 넣고 곱게 다진 마늘과 허브를 함께 넣어 5분간 익힌다.
3. 여기에 물기를 제거한 빈스와 칠리 페퍼를 넣은 후 필요하면 소금으로 간을 맞춘다. 10분가량 익히되 필요하면 물을 조금씩 첨가한다.
4. 파스타는 너무 익지 않도록 주의해서 삶아 낸다. 파스타의 물기를 제거한 후 데워 놓은 서빙볼에 옮겨 담는다.
5. 파스타에 치즈를 뿌려 섞은 후 빈스 혼합물을 넣는다. 칠리 페퍼는 제거하고 잘 섞은 후 즉시 제공한다.

62. Pasta e Fagioli

(Pasta and Beans : Neapolitan Style)

준비 재료

- 믹스 또는 짧은 파스타류 300g
- 마른 빈스 200g
- 올리브 오일 60ml
- 마늘 2쪽
- 셀러리 2개
- 이탈리아 프럼 토마토 200g
- 토마토 페이스트 10ml
- 칠리 페퍼 1/2개

조리 방법

1. 마른 빈스를 찬물에 담갔다가 물기를 제거한 다음, 팬에 찬물을 넣어 1시간가량 익힌다.
2. 빈스가 익는 동안 다른 팬에 오일을 두르고 4조각으로 썬 마늘과 다진 셀러리를 넣어 볶는다. 마늘은 색깔이 변하면 제거한다.
3. 다진 토마토와 즙, 칠리 페퍼, 물 100ml를 넣은 후 소금으로 간을 맞추고 10분간 뭉근히 끓인다.
4. 빈스가 완전히 익기 15분 전쯤에 토마토 혼합물을 넣어 15분간 함께 익힌다. 칠리 페퍼는 제거한다.
5. 소량의 빈스와 토마토를 파스타 소스용으로 퓨레(Purée)한다. 완성되면 파스타에 부어 준다. 필요할 경우 끓는 물을 첨가할 수 있지만 이 요리는 매우 드라이한 파스타로 제공하는 것이 일반적이다.
6. 파스타의 물기를 제거하고 완성된 소스를 붓는다. 10분가량 뚜껑을 덮은 채로 그대로 두었다가 제공한다.

63. Pasta e Fagioli

(Pasta and Bean Broth : Venice Style)

준비 재료

- 타그리아텔레(tagliatelle) 250g
- 마른 얇은 빈스 200g
- 베이컨과 햄 100g
- 올리브 오일 80ml
- 양파 1개
- 당근 1개
- 셀러리 1개
- 파르메산 치즈 90g

조리 방법

1. 마른 빈스는 물에 담갔다가 물기를 제거한 후, 다진 베이컨과 햄 본, 올리브 오일, 다진 야채들과 함께 큰 소스팬에 담는다.
2. 찬물을 살짝 넣은 뒤 뚜껑을 덮은 채 2시간 30분가량 약한 불에서 뭉근히 끓이고 소금으로 간을 한다.
3. 햄을 제거한 후 혼합물 1/2 분량을 퓨레(Purée)한다. 퓨레한 것을 다시 팬에 넣고 끓여 끓어 오르면 파스타를 넣어 준다.
4. 파스타가 익으면 물기가 충분한지 점검한다. 특히 이 요리는 물기를 제거하지 않고 진한 브로스(Broth) 상태로 제공해야 한다.
5. 파스타에 블랙 페퍼를 뿌려 양념을 한 뒤 제공한다. 일반적으로 파르메산 치즈는 따로 제공한다.

64. Tagliatelle al Tonno

(Tagliatelle with Tuna)

준비 재료

- 타그리아텔레(tagliatelle) 300g
- 참치 캔 150g
- 견과류(호두, 아몬드, 땅콩) 50g
- 레몬 1개
- 우스터 소스 10ml
- 다진 파슬리 15g
- 바질 잎 2개
- 올리브 오일 100ml

조리 방법

1. 물기를 제거한 참치, 호두, 레몬 껍질, 우스터 소스, 허브를 블렌더에 넣고 부드러워질 때까지 간다. 여기에 올리브 오일을 조금씩 넣으며 간을 맞춘다.
2. 파스타는 조리 방법에 따라 너무 익지 않도록 주의해서 삶아 낸다.
3. 파스타의 물기를 제거한 후 완성된 참치 소스를 넣고, 면의 가닥가닥에 골고루 묻도록 잘 섞은 후 즉시 제공한다.

65. Spaghetti al Tonno e Limone

(Spaghetti with Tuna and Lemon)

준비 재료

- 스파게티(spaghetti) 300g
- 올리브 오일 50ml
- 마늘과 다진 파슬리 약간
- 참치 캔 150g
- 레몬 주스 1컵
- 파르메산 치즈 50g
- 버터 30g

조리 방법

1. 팬에 올리브 오일을 두르고 곱게 다진 마늘과 파슬리를 넣어 볶는다. 약한 불에서 계속 저어 주다가 물기를 제거한 참치 조각들을 천천히 넣어 볶는다. 약한 불을 유지하여 재료들이 변색되지 않도록 주의한다.
2. 파스타는 너무 익지 않도록 삶는다. 파스타의 물기를 제거한 후, 데워 놓은 서빙 접시에 담고 완성된 참치 소스를 부어 잘 섞는다.
3. 여기에 레몬 주스, 치즈, 버터 조각을 넣은 다음 소금과 후추로 간을 맞춘다. 다시 잘 섞어 제공한다.

※ 소스의 맛과 향을 더하는 다른 방법은 마늘과 파슬리를 볶을 때 치즈와 버터 대신 다진 앤초비 필레 3조각, 칠리 페퍼 1/2개를 넣는 것이다.

66. Linguine al Tonne e Pomodoro

(Linguine with Tuna and Tomato)

준비 재료

- 링귀네(linguine) 또는 스파게티(spaghetti) 300g
- 올리브 오일 50ml
- 양파 1개
- 마늘 1쪽
- 이탈리아 프럼 토마토 2kg
- 참치 캔 150g
- 다진 케이퍼 약간
- 다진 파슬리 약간

조리 방법

1. 팬에 올리브 오일을 두르고 가열하여 다진 양파와 마늘을 넣고 익을 때까지 프라이한다.
2. 여기에 토마토를 즙과 함께 넣고 소금과 후추로 간을 한 후, 가끔 저어 가며 10분간 강한 불에서 익힌다.
3. 위의 토마토 혼합물을 블렌더에 넣어 갈고 퓨레(Purée)한다. 다시 팬에 담아 물기를 제거한 참치와 다진 케이퍼를 넣어 10분간 더 익힌다.
4. 파스타는 너무 익지 않도록 주의해서 삶는다. 삶은 파스타의 물기를 제거한 후 소스를 부어 잘 섞고 다진 파슬리를 뿌린다. 일반적으로 치즈는 함께 제공하지 않는다.

67. Spaghetti al Cartoccio

(Spaghetti with Shellfish in Foil)

준비 재료

- 스파게티(spaghetti) 300g
- 홍합 300g
- 작은 조개 300g
- 작은 오징어(쭈꾸미) 90g
- 이탈리아 프럼 토마토 300g
- 올리브 오일 1컵
- 화이트 와인 1컵
- 마늘 2쪽
- 칠리 페퍼 또는 마른 칠리 페퍼 가루 1개
- 껍질을 벗긴 새우 100g

조리 방법

1. 딱딱한 브러시를 이용하여 홍합과 조개를 깨끗이 문지른다. 부서지거나 열린 조개는 버린다. 소량의 물과 함께 껍질이 벌어질 때까지 약한 불에서 끓여 모래를 제거한다.
2. 큰 팬에 올리브 오일을 두른 후 달궈지면 다진 마늘과 칠리 페퍼를 넣는다. 마늘의 색이 변할 무렵 오징어와 새우를 넣고, 5분 후에 홍합과 조개, 토마토, 와인을 넣는다. 소금으로 간을 한 후 10분간 더 익힌다.
3. 파스타는 전체 익히는 시간의 1/2만 익힌다. 파스타가 다 삶아지면 물기를 제거한 후 뜨거운 조개 소스를 부어 재빨리 섞는다. 여기에 다진 파슬리를 뿌린다.
4. 베이컨 시트 위에 호일을 놓고 소스와 섞은 파스타를 중앙에 부어 호일을 단단히 감싼다. 이렇게 하면 증기가 빠져나가는 것을 방지할 수 있다.
5. 호일에 싼 파스타를 220℃의 뜨거운 오븐에 넣어 8분간 익힌다. 조개 요리는 껍질을 담을 작은 접시와 함께 제공한다.

68. Sapghetti alla Crema di Scampi

(Spaghetti with Cream and Scampi Sauce)

준비 재료

- 스파게티(spaghetti) 300g
- 올리브 오일 60ml
- 새우 10마리
- 화이트 와인 1컵
- 생크림 200ml
- 파슬리 약간
- 소금, 후추 약간

조리 방법

1. 팬에 올리브 오일을 두르고 손질해 둔 새우 머리를 먼저 넣는다. 새우 몸통은 껍질을 벗겨 곱게 다진 후 팬에 넣는다.
2. 나무 스푼으로 몇 분간 저은 후 화이트 와인을 부어 준다. 와인이 끓기 시작하면 생크림을 넣고 5분간 다시 끓인다. 소금과 후추로 간을 맞춘다.
3. 파스타는 너무 익지 않도록 주의해서 삶는다. 파스타의 물기를 제거한 후 데워 놓은 서빙 접시에 담아 완성된 소스를 부어 잘 섞는다. 다진 파슬리를 뿌린 후 즉시 제공한다.

※ 새우의 이탈리아식 명칭은 더블린 베이 새우(Dublin bay prawn) 또는 자이언트 새우(Giant prawn)나 킹 새우(King prawn)이다. 일반적으로 이 같은 이름으로 판매되며, 이탈리아 외에서도 익숙하게 사용된다.

69. Tagliolini con Gamberi e Radicchio

(Taglioini with Prawns and Radicchio)

준비 재료

- 탈리올리니(tagliolini) 300g
- 버터 50g
- 절반만 삶은 껍질 있는 새우 300g
- 레디키오 200g
- 양상추 200g
- 브랜디 1컵
- 더블 생크림 200ml

조리 방법

1. 팬에 버터를 녹인 후 새우를 넣어 볶는다.
2. 레디키오와 양상추 잎을 길쭉하게 자른 후 팬에 넣는다. 5분간 익힌 다음 브랜디를 넣고, 내용물이 끓기 시작하면 생크림을 붓고 소금과 후추로 간을 맞춘다.
3. 파스타는 조리 방법에 따라 너무 익지 않도록 주의해서 삶는다.
4. 파스타의 물기를 제거한 후 새우가 든 팬에 넣어 잘 섞는다. 데워 놓은 서빙 접시에 담아 즉시 제공한다.

70. Pennette alla Ines

(Ines's Quills with Shrimp Sauce)

준비 재료

- 펜네(penne) 또는 짧은 파스타류 300g
- 껍질 있는 삶은 새우 300g
- 올리브 오일 50ml
- 버터 30g
- 양파 1개
- 마늘 1쪽
- 토마토 소스 250ml
- 브랜디 1컵
- 더블 생크림 150ml
- 파슬리 약간

조리 방법

1. 준비된 새우는 반만 퓨레(Purée)하고, 나머지는 중간 크기로 다진다.
2. 팬에 올리브 오일과 버터를 녹인 후, 곱게 다진 양파와 마늘을 넣는다. 양파와 마늘이 익을 무렵 퓨레해 둔 새우와 토마토 소스를 넣고 잘 섞는다.
3. 여기에 다진 새우와 브랜디를 넣는다. 브랜디가 끓기 시작하면 생크림과 다진 파슬리를 넣는다.
4. 완성된 새우 소스는 소금과 후추로 간을 맞추고, 온기를 유지한다.
5. 파스타는 너무 익지 않도록 주의해서 삶는다. 삶은 파스타의 물기를 제거한 후 데워 놓은 서빙 접시에 옮겨 담아 완성된 소스를 부어 잘 섞고 즉시 제공한다.

71. Penne alla Alberoni

(Pasta with Prawns and Mushrooms Baked in the Oven)

준비 재료

- 펜네(penne) 또는 짧은 파스타류 300g
- 양송이 100g
- 버터 100g
- 껍질 있는 새우 200g
- 화이트 와인 1컵
- 밀가루 40g
- 우유 200ml
- 넛맥 약간
- 파르메산 치즈 100g
- 모짜렐라 치즈 100g

조리 방법

1. 팬에 30g의 버터를 녹여 슬라이스한 양파와 소금, 후추를 넣고 볶는다.
2. 새우는 껍질째 화이트 와인이나 물을 넣어 익힌 후 퓨레(Purée)한다.
3. 버터, 밀가루, 우유, 소금, 후추, 넛맥을 넣어 베샤멜(Bechamel) 소스를 만든다. 이 베샤멜 소스에 퓨레해 둔 새우, 양송이, 파르메산 치즈 1/2 분량을 넣어 잘 섞는다.
4. 파스타는 전체 삶는 시간의 1/2만 삶는다. 파스타의 물기를 제거한 후 소스를 부어 섞는다.
5. 오븐용 뚜껑이 달린 접시에 버터를 바른 후, 1/3 분량의 파스타를 담고 남아 있는 파르메산 치즈와 모짜렐라 치즈 1/3 분량을 뿌린 후, 소량의 버터를 얹는다. 다시 남아 있는 파스타의 1/2을 위에 얹은 후, 치즈와 버터를 얹는다. 이어 남은 파스타를 위에 모두 얹은 후, 치즈와 버터를 같은 방식으로 얹는다.
6. 여기에 후추를 뿌리고 220℃의 뜨거운 오븐에 넣어 20분간 구워 낸다.

72. Spaghetti con le Cozze o Vongole

(Spaghetti with Mussels or Baby Clams)

준비 재료

- 스파게티(spaghetti) 300g
- 홍합 또는 작은 조개 900g
- 올리브 오일 50ml
- 마늘 2쪽
- 칠리 페퍼 1개
- 파슬리 약간

조리 방법

1. 조개는 흐르는 물에 솔이나 수세미를 이용해 깨끗이 손질한다. 소량의 물이 든 큰 팬에 조개를 넣어 입이 벌어질 때까지 서서히 익힌다. 물은 남겨 두고 모래 잔량은 걸러 낸다.
2. 팬에 올리브 오일을 두른 후 달궈지면 곱게 다진 마늘을 넣고 색깔이 변할 때쯤 조개와 조개 삶은 물 소량을 넣어 5분간 서서히 익힌다.
3. 여기에 작은 칠리 페퍼 조각들을 넣고 필요하다면 소금을 넣어 간을 맞춘다. 온기는 유지한다.
4. 파스타는 조리 방법에 따라 너무 익지 않도록 주의해서 삶는다. 파스타의 물기를 제거한 후 데워 놓은 서빙 접시에 옮겨 담고 완성된 소스를 부어 잘 섞는다. 마지막에 파슬리를 뿌려 제공한다.

73. Tagliatelle alla Panna

(Tagliatelle with Cream and Cheese Sauce)

준비 재료

- 타그리아텔레(tagliatelle) 300g
- 버터 60g
- 진한 생크림 200ml
- 파르메산 치즈 150g
- 후추 약간

조리 방법

1. 버터를 팬에 넣어 녹인 후, 생크림과 치즈 1/2 분량을 넣는다. 치즈가 굳지 않도록 온기를 유지한다.
2. 파스타는 조리 방법에 따라 너무 익지 않도록 주의해서 삶아 낸다. 파스타의 물기를 제거한 후 남은 버터와 치즈를 넣어 파스타 면 가닥가닥에 골고루 묻도록 잘 섞는다.
3. 여기에 준비해 둔 생크림 소스를 부어 잘 섞은 후, 후추를 뿌려 간을 하고 즉시 제공한다.

74. Spaghetti alla Gorgonzola

(Spaghetti with Gorgonzola and Ricotta)

준비 재료

- 스파게티(spaghetti) 300g
- 버터 80g
- 셀러리 1개
- 양파 1개
- 우유 200ml
- 고르곤졸라 치즈 100g
- 리코타 치즈 100g

조리 방법

1. 팬에 버터를 넣어 녹인 후, 다진 셀러리와 양파를 넣어 익히되 색이 변하지 않도록 주의한다.
2. 이것을 블렌더에 넣어 갈고 우유, 치즈와 함께 퓨레(Purée)한다. 다시 소스팬에 옮겨 담아 가끔 저어 가며 약한 불에 올려 둔다. 소금으로 간을 맞춘다.
3. 파스타는 너무 익지 않도록 주의해서 삶는다. 파스타의 물기를 제거한 후 버터와 치즈 혼합물을 부어 잘 섞는다. 데워 놓은 서빙 접시에 옮겨 담고 후추를 뿌려 즉시 제공한다.

75. Rigatoni ai Quattro Formaggi

(Rigatoni with four cheese)

준비 재료

- 리가토니(rigatoni) 또는 짧은 파스타류 300g
- 파르메산 치즈 40g
- 그리예 치즈 40g
- 에담 치즈 40g
- 폰티나 치즈 40g
- 버터 90g

조리 방법

1. 준비한 4가지 치즈는 모두 블렌더에 갈아서 준비한다.
2. 파스타는 조리 방법에 따라 너무 익지 않도록 주의하여 삶아 낸다. 파스타 소스용으로 사용할 물만 남기고 파스타의 물기는 제거한다.
3. 파스타를 모두 담을 수 있을 정도로 큰 팬에 버터 30g을 넣어 녹인다.
4. 버터가 녹아 있는 큰 팬에 파스타를 옮겨 담은 후, 남아 있는 버터와 치즈를 넣어 잘 섞는다.
5. 일단 치즈가 녹기 시작하면 불을 끈 후, 계속해서 휘저어 주는 과정이 매우 중요하다. 소스가 너무 걸쭉할 경우에는 파스타 삶은 물을 소량 넣어 주면 된다.
6. 파스타가 완성되면 데워 놓은 서빙볼에 옮겨 담아 후추를 뿌린 후 즉시 제공한다.

76. Scrigno

(Jewel box pasta)

준비 재료

- 그린 파스타 300g
- 토마토 소스 150ml
- 더블 생크림 100ml
- 파르메산 치즈 100g
- 햄 100g
- 모짜렐라 치즈 200g

조리 방법

1. 토마토 소스는 6ts 정도를 남겨 두고 모두 파르메산 치즈 1Ts, 생크림과 함께 섞는다. 이것을 10분간 뭉근히 끓인다.
2. 파스타는 전체 삶는 시간의 1/2만 삶는다. 파스타의 물기를 제거한 후 끓인 토마토와 생크림 소스를 넣어 잘 섞는다.
3. 오븐용 볼에 버터를 바르고 파스타 혼합물을 2/3가량 채운다. 익으면 먹기 쉽도록 햄을 6조각으로 자른 후 파스타 위에 넣는다. 그 위에 얇게 슬라이스 한 모짜렐라 치즈을 올려 덮는다. 앞서 남겨 둔 토마토 소스를 위에 부은 후, 남아 있는 파르메산 치즈를 뿌린다.
4. 오븐용 볼을 220℃의 뜨거운 오븐에 넣어 20분간 익힌 후 제공한다.

77. Paglia e Fieno alla Ciociara

(Paglia e fieno farmhouse style)

준비 재료

- 타그리아텔레(tagliatelle) 300g
- 껍질 있는 피스(프레시 또는 냉동) 100g
- 버터 50g
- 양송이 100g
- 햄 100g
- 진한 생크림 200ml
- 파르메산 치즈 100g
- 소금, 후추 약간

※ 치오치아리아(ciociara)는 원래 로마 외각 농부들이 만들어 신던 나무 신발이다.

조리 방법

1. 프레시 피스를 이용할 경우, 소량의 끓는 물에 익힌 후 물기를 제거한다.
2. 팬에 버터를 녹여 피스와 슬라이스한 양송이를 넣고 5분간 익힌다.
3. 여기에 다진 햄을 추가해 몇 분간 잘 저은 후 생크림을 넣는다. 소금을 넣어 간을 맞추고 온기를 유지한다.
4. 파스타는 삶되 너무 익지 않도록 주의한다. 파스타의 물기를 제거한 후 데워 놓은 서빙 접시에 옮겨 담는다. 여기에 갈아 둔 치즈를 넣고 즉시 저어 준다.
5. 마지막으로 파스타에 완성된 소스를 부어 잘 섞고 후추를 뿌려 제공한다.

78. Souffle di Tagliatelle

(Souffle of tagliatelle)

준비 재료

- 타그리아텔레(tagliatelle) 300g
- 버터 60g
- 밀가루 60g
- 우유 200ml
- 파르메산 치즈 60g
- 계란 노른자 3개
- 계란 흰자 5개
- 햄 100g
- 소금, 후추 약간
- 넛맥 약간

조리 방법

1. 작은 팬에 버터를 녹인 후 밀가루를 조금씩 넣어 가며 계속해서 저어 준다. 우유를 조금씩 넣으며 부드러운 소스가 될 때까지 잘 저어 준 후 불을 끈다.
2. 파스타는 전체 삶는 시간의 1/2만 삶은 후 물기를 제거한다.
3. 치즈와 계란 노른자를 섞어 휘저어 화이트 소스를 만든 후, 가늘게 채 썬 햄을 넣어 준다. 소금, 후추 넛맥을 넣어 간을 맞추고 파스타에 부어 잘 섞는다.
4. 계란 흰자는 거품이 날 때까지 세게 휘저은 후 파스타 혼합물에 천천히 부어 준다.
5. 1과 1/2 파인트(pint) 크기의 수플레 접시에 버터를 바른다.
6. 파스타 혼합물을 버터 바른 접시에 옮겨 담아 180℃의 오븐에 넣어 30분간 익힌 후 즉시 제공한다.

79. Tagliatelle alla Papalina

(Tagliatelle papal style)

준비 재료

- 타그리아텔레(tagliatelle) 300g
- 햄 150g
- 양파 1개
- 버터 100g
- 계란 3개
- 생크림 150ml
- 파르메산 치즈 50g

조리 방법

1. 햄은 가늘고 길쭉하게 썰고 양파는 곱게 다진다. 버터를 1/2 분량만 넣고 양파 표면이 투명해질 때까지 볶는다. 여기에 햄을 넣어 5분간 더 익히고 온기를 유지한다.
2. 계란, 생크림, 치즈 1/2 분량을 함께 넣어 잘 섞는다.
3. 파스타는 조리 방법에 따라 너무 익지 않도록 주의해서 삶는다.
4. 파스타가 익는 동안 남은 버터를 큰 팬에 넣어 녹인 후, 계란 혼합물을 붓고 즉시 불을 끈다. 소금으로 간을 맞춘다.
5. 파스타는 물기를 제거한 후, 계란 혼합물이 든 팬에 넣어 잘 섞는다. 여기에 뜨거운 햄과 양파 혼합물을 넣는다. 이때 계란이 응고되어 노란색의 진한 크림이 될 때까지 파스타와 햄을 저어 준다.
6. 완성된 파스타를 데워 놓은 뜨거운 서빙볼에 옮겨 담아 후추를 뿌린 후 즉시 제공한다. 남아 있는 치즈는 따로 제공한다.

80. Rigatoni alla Norcina

(Rigatoni with Norcia Sauce)

준비 재료

- 리가토니(rigatoni) 또는 짧은 파스타류 300g
- 양파 1개
- 올리브 오일 50ml
- 돼지고기 소시지 100g
- 화이트 와인 80ml
- 진한 생크림 200ml
- 파르메산 치즈 60g

조리 방법

1. 양파를 매우 얇게 슬라이스하여 올리브 오일을 부은 팬에 넣고 뚜껑을 덮은 채 서서히 프라이한다. 양파색이 변하지 않도록 주의한다.
2. 소시지는 껍질을 벗긴 후 작게 조각을 낸다. 조각 낸 소시지를 양파가 든 팬에 넣은 후 화이트 와인을 부어 준다. 10분간 끓인 후 생크림을 넣어 뚜껑을 덮지 않고 10분간 약한 불에서 뭉근히 더 익힌다. 불을 끄고 소금으로 간을 맞춘 뒤 온기를 유지한다.
3. 파스타는 너무 익지 않도록 주의하여 삶는다. 파스타의 물기를 제거한 후 치즈를 넣어 살짝 버무리고, 데워 놓은 서빙 접시에 옮겨 담는다. 완성된 소스를 부어 잘 섞은 후 후추를 뿌려 즉시 제공한다.

81. Conchiglie alla Burina

(Shells with Rustic Sauce)

준비 재료

- 콘길리에(conchiglie) 또는 짧은 파스타류 300g
- 버터 50g
- 양파 1개
- 마늘 1쪽
- 이탈리아 프럼 토마토 200g
- 돼지고기 큰 소시지 150g
- 화이트 와인 200ml
- 껍질 벗긴 콩 100g

조리 방법

1. 팬에 버터를 녹인 후 곱게 다진 양파와 마늘을 넣어 양파의 색이 변할 때쯤 토마토를 즙과 함께 넣는다. 소금과 후추로 간을 하고 20분간 익힌다.
2. 그동안 소시지는 껍질을 벗겨 둥글게 슬라이스를 하고 표면에 구멍을 내어 와인이 든 다른 팬에 넣어 약한 불에서 익힌다. 소시지가 다 익으면 와인 액은 토마토가 든 팬에 부어 준다.
3. 토마토 소스에 콩을 넣어 부드러워 질 때까지 익힌다.
4. 파스타는 조리 방법에 따라 너무 익지 않도록 주의해서 삶는다. 파스타의 물기를 제거하기 전에 소시지를 토마토 소스에 넣는다.
5. 파스타의 물기를 제거한 후 데워 놓은 서빙 접시에 담아 완성된 토마토 소스를 부어 준다. 잘 섞어서 즉시 제공한다.

82. Spaghettti alla Carbonara

(Charcoal-Makers' Spaghetti)

준비 재료

- 스파게티(spaghetti) 300g
- 계란 노란자 4개
- 진한 생크림 150ml
- 올리브 오일 30ml
- 버터 30g
- 베이컨 100g
- 파르메산 치즈, 페코리노 로마노 치즈 각각 150g
- 후추 약간

조리 방법

1. 계란, 생크림, 소금을 함께 넣고 세게 휘저어 둔다.
2. 큰 팬에 올리브 오일과 버터를 넣어 녹인 후, 주사위 모양으로 썬 베이컨을 넣어 지방층이 투명하게 변할 때까지 약한 불에서 익힌다.
3. 파스타는 너무 익지 않도록 주의하여 삶는다. 삶은 파스타의 물기를 제거한 후 베이컨이 담긴 팬에 옮겨 담아 잘 섞는다.
4. 팬에 불을 끈 후 처음에 만들어 둔 계란과 생크림 혼합물을 넣고, 여기에 치즈 소량을 함께 넣어 잘 섞는다. 계란은 뜨거운 파스타와 접촉하면 응고하므로 재빨리 잘 섞어 파스타 가닥가닥에 진한 노란색 크림을 골고루 묻힌다.
5. 남은 치즈를 완성된 파스타에 넣은 후 후추를 뿌려 즉시 제공한다.

83. Bucatini alla Matriciana

(Bucatini Amatrice Style)

준비 재료

- 부카티니(bucatini) 또는 스파게티 300g
- 올리브 오일 50ml
- 베이컨 150g
- 칠리 페퍼 1개
- 토마토 소스 80ml
- 페코리노 로메노 치즈 60g

조리 방법

1. 팬에 올리브 오일을 두르고 가는 성냥개비 모양으로 썬 베이컨을 넣어 약한 불에서 익힌다.
2. 베이컨의 지방층 색깔이 어느 정도 투명하게 변하면 여기에 칠리 페퍼와 토마토 소스를 넣고 익힌다.
3. 파스타는 조리 방법에 따라 시간을 잘 조절해 삶되 너무 익지 않도록 주의한다.
4. 삶은 파스타의 물기를 제거한 후 치즈를 넣어 잘 섞고, 완성된 소스를 부은 후 잘 버무려 즉시 제공한다.

84. Zitoni col Ragil Napoletano

(Zitoni with Neaplitan Meat sauce)

준비 재료

- 치토니(zitoni) 또는 스파게티(spaghetti) 300g
- 돼지고기(다리) 600g
- 돼지고기(등심) 200g
- 버터 50g
- 올리브 오일 90ml
- 화이트 와인, 레드 와인 각각 80ml
- 양파 1개
- 당근 1개
- 월계수 잎 1개
- 나폴리탄 살라미 1개
- 토마토 페이스트 300g

조리 방법

1. 팬에 버터, 마가린, 올리브 오일, 다진 양파, 당근, 월계수 잎, 돼지고기를 넣어 뚜껑을 덮은 채 약한 불에서 2시간가량 익힌다. 돼지 다리 고기는 형태를 유지하기 위해 매우 단단히 묶어 주고, 돼지고기 표면이 골고루 잘 익도록 가끔 돌려 가며 익힌다.
2. 고기가 끈적해지기 시작하면 뚜껑을 열고 한번에 화이트 와인 몇 방울씩을 떨어뜨리며 팬 바닥을 나무 스푼으로 잘 저어 준다. 이런 방식으로 화이트 와인을 다 부어 주고 레드 와인도 이와 같은 방식으로 부어 준다. 레드 와인이 끓기 시작하면 토마토 페이스트를 조금씩 넣어 가며 잘 섞어 준다.
3. 토마토 소스가 너무 진해지면 미지근한 스톡을 조금씩 부어 가며 3시간가량 익힌다. 1/2 정도의 스톡을 붓고 뚜껑을 덮어 4~5시간 더 익히는데, 30분마다 꼭 저어 준다.
4. 돼지고기의 살이 뼈와 분리될 무렵 팬에서 고기를 꺼내 소금과 후추로 양념을 한다. 고기가 크다면 1~2시간 더 익힌 후에 꺼낸다.
5. 파스타는 시간을 잘 조절해 너무 익지 않도록 삶고, 물기를 제거한 후 완성된 고기와 토마토 소스와 섞어 제공한다.

85. Fusilli con Polpettine

(Fusilli with Meat balls)

준비 재료

- 푸실리(fusilli) 또는 짧은 파스타류 300g
- 송아지 고기, 쇠고기, 돼지고기 각각 150g
- 마늘 3쪽
- 화이트 빵 조각 3개
- 파르메산 치즈 150g
- 계란 3개
- 올리브 오일 60ml
- 양파 1개
- 화이트 와인 200ml
- 이탈리아 프럼 토마토 300g
- 스톡, 소금, 후추, 파슬리 약간

조리 방법

1. 마늘과 3가지 종류의 고기를 푸드 프로세서나 블렌더에 넣어 갈은 다음 여기에 빵과 다진 파슬리, 치즈 1/2 분량, 계란을 넣고 소금과 후추로 양념하여 간을 맞춘다.
2. 갈은 고기 혼합물을 호두 정도 크기의 작은 미트볼로 만들어 밀가루를 살짝 입힌다.
3. 팬에 올리브 오일을 두른 후 곱게 다진 양파를 넣어 색이 변하지 않을 정도로 부드럽게 익힌다. 여기에 미트볼을 넣어 표면이 갈색이 날 때까지 약한 불에서 익힌다.
4. 미트볼에 와인을 부어 양이 반으로 줄 때까지 끓인 다음, 이탈리아 프럼 토마토와 소량의 스톡을 넣어 1시간가량 뚜껑을 덮은 채 익힌다.
5. 파스타는 너무 익지 않도록 주의하여 삶아 낸다. 파스타의 물기를 제거하고 데워 놓은 서빙볼에 옮겨 담아 완성된 소스와 미트볼을 넣는다. 남은 치즈를 위에 뿌려 잘 섞은 후 제공한다.

86. Tagliatelle Verdi alla Bolognese

(Green Tagliatelle with Bolognese sauce)

준비 재료

- 타그리아텔레(tagliatelle) 또는 계란 파스타류 300g
- 돼지고기 살코기 100g
- 쇠고기 살코기 100g
- 올리브 오일 50ml
- 버터 60g
- 당근, 셀러리, 양파 각각 1개
- 베이컨 90g
- 이탈리아 소시지 60g
- 화이트 와인 200ml
- 토마토 페이스트 30ml
- 스톡 200ml
- 진한 생크림 80ml
- 파르메산 치즈 20g

조리 방법

1. 돼지고기와 쇠고기 살코기는 푸드 블렌더를 이용하여 갈아 둔다.
2. 팬에 올리브 오일을 두른 후 버터 50g을 넣어 녹이고 다진 양파, 당근, 셀러리, 베이컨을 넣어 약 10분간 약한 불에서 익힌다.
3. 여기에 갈은 돼지고기와 쇠고기, 소시지와 와인을 넣어 다시 10분간 저어 가며 익힌다. 스톡을 넣어 묽어진 토마토 페이스트를 부은 후 잘 저은 다음 간을 맞춘다. 1시간 30분가량 약한 불에서 서서히 익힌다.
4. 생크림을 넣어 휘저은 후 소스에 충분히 흡수 되었을 때 불을 끄고 온기를 유지한다.
5. 파스타는 삶되 너무 익지 않도록 주의한다. 면을 삶는 동안 소스가 담긴 팬에 불을 켜고 남은 버터를 넣어 잘 저어 준다.
6. 삶은 파스타의 물기를 제거한 후, 데워 놓은 서빙볼에 담아 완성된 소스를 부어 준다. 이 요리의 경우 소스를 파스타와 섞지 않고 제공하는데, 이때 볼로네제(Bolognese) 소스는 파스타 중앙에 부어 준다. 원한다면 치즈는 따로 제공한다.

87. Malloreddus con il Ragu di Agnello alla Sarda

(Sardinian Pasta with Lamb sauce)

준비 재료

- 말로레두스(malloreddus) 또는 짧은 파스타류 300g
- 양고기(다리) 900g
- 마늘 3쪽
- 로즈메리 약간
- 양파 1개
- 이탈리아 프럼 토마토 300g
- 페코리노 로마노 치즈 60g
- 올리브 오일 90ml
- 소금, 후추 약간

조리 방법

1. 칼로 양고기의 몇 군데를 갈라 마늘과 로즈메리를 넣은 후 올리브 오일, 소금, 후추로 고기 표면을 문지른다.
2. 팬에 남은 올리브 오일을 두른 후 양념한 양고기를 올리고 갈색이 날 때까지 골고루 익힌다. 고기가 잘 익으면 슬라이스한 양파와 다진 토마토를 즙과 함께 넣는다. 필요하면 소금과 후추를 뿌려 준다.
3. 양념해 익힌 양고기를 호일로 덮어 2시간 동안 약한 불(120℃)에서 익히는데, 이때 소스가 너무 진하게 졸여지면 스톡을 조금씩 부어 준다. 양고기가 완전히 익으면 만들어진 소스를 파스타 요리에 이용한다. 양고기는 세컨드 코스 요리로 제공한다.
4. 파스타는 너무 익지 않도록 주의해 삶고, 삶은 물 60ml는 소스를 만들 때 부어 준다. 파스타의 물기를 제거하고 데워 놓은 서빙볼에 옮겨 담아 완성된 소스를 부어 잘 섞는다. 일반적으로 치즈는 따로 제공한다.

88. Vermicelli alla Monteroduni

(Vermicelli in Monteroduni style)

준비 재료

- 베르미첼리(vermicelli) 300g
- 돼지 라드 기름 80g
- 양파 1개
- 햄 90g
- 돼지고기 살코기 250g
- 토마토 페이스트 90g

조리 방법

1. 이 파스타는 전통적으로 구리로 만든 팬을 이용한다.
2. 팬에 라드를 녹여 곱게 다진 양파를 넣고 5분간 볶는다. 이어 푸드 블렌더로 곱게 갈은 햄과 돼지고기를 넣는다.
3. 고기가 알맞게 익어 갈색빛이 나면 토마토 페이스트를 넣은 후 매우 약한 불에서 30~40분 정도 더 익힌다.
4. 마지막 단계가 되면 소스가 매우 걸쭉해지는데, 이때 간을 맞춘다.
5. 파스타는 너무 익지 않도록 시간을 잘 조절해 삶아 낸다. 파스타의 물기를 제거한 후 데워 놓은 서빙 접시에 담고 완성된 소스를 부어 잘 섞은 후 즉시 제공한다.

89. Pappardelle con la Lepre

(Wild Ribbon Pasta with Hare sauce)

준비 재료

- 파파델레(pappardelle) 또는 타그리아텔레(tagliatelle) 300g
- 올리브 오일 50ml
- 버터 60g
- 베이컨 60g
- 양파 1개
- 셀러리 1개
- 토끼 고기 200g
- 타임 1ts
- 소금, 후추 각각 1ts
- 밀가루 1ts
- 화이트 와인 1컵
- 진한 스톡 200ml
- 파르메산 치즈 약간

조리 방법

1. 팬에 올리브 오일과 버터를 넣어 녹인 후 곱게 다진 베이컨, 양파, 셀러리를 넣어 약한 불에서 볶는다.
2. 여기에 작은 주사위 모양으로 썬 토기 고기를 넣고 소금과 후추, 타임으로 간을 맞춘다.
3. 고기가 잘 익어 갈색빛이 나면 밀가루를 뿌리고, 밀가루가 갈색이 될 때까지 저어 가며 익힌다.
4. 화이트 와인을 부은 후 끓어오를 때쯤 미지근한 스톡을 붓는다. 뚜껑을 덮고 1시간가량 약한 불에서 익힌다.
5. 파스타는 너무 익지 않도록 주의해서 삶는다. 파스타의 물기를 제거한 후 데워 놓은 서빙볼에 담아 완성된 소스를 부어 잘 섞는다. 일반적으로 파르메산 치즈는 따로 제공한다.

90. Spaghetti alla chitarra col Ragu di Maiale

(Spaghetti alla Chitarra with pork sauce)

준비 재료

- 타그리아텔레(tagliatelle) 또는 스파게티(spaghetti) 300g
- 돼지 라드 기름(베이컨 대용) 50g
- 양파 1개
- 칠리 페퍼 1개
- 갈은 돼지고기 100g
- 토마토 캔(소스용) 150g
- 페코리노 로마노 치즈 또는 파르메산 치즈 150g

조리 방법

1. 팬에 라드를 녹여 곱게 다진 양파와 칠리 페퍼를 넣고 볶는다. 5분 후에 갈은 돼지고기를 넣어 갈색빛이 날 때까지 골고루 익힌다.
2. 여기에 다진 토마토를 즙과 함께 넣고 소금으로 간을 하여 30분간 더 익힌다.
3. 파스타는 너무 익지 않도록 시간을 잘 조절해 삶아 낸다. 익힌 파스타는 물기를 제거한 후 데워 놓은 서빙볼에 담아 완성된 소스를 부어 잘 섞는다. 치즈는 따로 제공해야 한다.

91. Spaghetti con Sugo della Pizzaiola

(Spaghetti with Pizza sauce)

준비 재료

- 스파게티(spaghetti) 300g
- 올리브 오일 60ml
- 스톡 약간
- 송아지 고기 또는 쇠고기 90g
- 파슬리 1개
- 마늘 1쪽
- 케이퍼 3g
- 이탈리아 프럼 토마토(소스용) 200g
- 파르메산 치즈 약간
- 소금 약간

조리 방법

1. 이 요리는 고기를 프라이하는 것이 아니라 스톡을 만들어야 한다.
2. 우선 팬에 올리브 오일과 물을 부어 데운다. 여기에 쇠고기를 넣고 다진 파슬리와 마늘, 케이퍼, 토마토와 즙을 넣는다. 소금으로 간을 하고 30분간 약한 불에서 서서히 익힌다.
3. 파스타는 삶되 너무 익지 않도록 시간 조절에 주의한다. 파스타의 물기를 제거한 후 완성된 소스를 부어 잘 섞는다. 파르메산 치즈는 대개 따로 제공한다.

92. Rigatoni alla Genovese

(Rigatoni with Genovese sauce)

준비 재료

- 리가토니(rigatoni) 또는 짧은 파스타류 300g
- 당근 1개
- 셀러리 1개
- 햄 100g
- 양파 1kg
- 올리브 오일 90ml
- 쇠고기(옆구리살) 100g
- 화이트 와인 200ml
- 스톡 100ml
- 파르메산 치즈 90g

조리 방법

1. 당근, 셀러리, 햄은 곱게 다지고, 양파는 아주 가늘게 슬라이스한다.
2. 쇠고기와 야채를 넣기에 충분한 크기의 소스팬에 올리브 오일을 두르고 햄과 다진 야채들을 넣어 약한 불에서 7~8분간 저어 가며 익힌다.
3. 여기에 쇠고기와 양파를 넣되 고기 표면이 양파로 완전히 덮히도록 한다. 물과 소금, 후추를 넣어 간을 맞춘다.
4. 양파와 고기가 잘 익어 갈색빛이 날 때까지 뚜껑을 덮은 채로 중간 불에서 저어 가며 익힌다.
5. 불을 매우 약하게 낮추고 슬로우 쿠킹 과정을 시작한다. 만약 소스가 팬 바닥에 눌어붙을 정도가 되면 소량의 와인과 스톡을 첨가해야 한다. 바닥에 눌어붙지 않도록 나무 스푼으로 자주 저어 준다.
6. 파스타는 너무 익지 않도록 시간을 잘 조절해 삶아 낸다. 익힌 파스타는 물기를 제거한 후 데워 놓은 서빙볼에 담아 완성된 소스와 잘 섞어 서빙한다.

93. Bucatini alla Flamande

(Bucatini in a Mould)

준비 재료

- 부카티니(bucatini) 200g
  (다른 파스타는 사용할 수 없음)
- 햄(cooked) 100g
- 소 혀(cooked) 50g
- 닭 가슴살(cooked) 100g
- 검은 송로(truffles) 버섯 20g
- 쇠고기 살코기 100g
- 당근, 양파, 셀러리 각각 1개
- 계란 흰자 2개
- 베샤멜 소스 300ml

소스 만들기 재료

- 쇠고기 250g
- 올리브 오일 20ml
- 당근 2개
- 양파 1개
- 셀러리 2개
- 마늘 1쪽
- 스톡 300ml
- 소금, 후추 약간

조리 방법

1. 햄과 소 혀는 작은 주사위 모양으로 썰어 두고, 닭 가슴살은 뜯어 둔다. 송로 버섯은 다져서 한쪽에 둔다.
2. 푸드 블렌더를 이용하여 쇠고기, 당근, 양파, 셀러리, 파슬리, 계란 흰자를 넣어 고운 반죽으로 만들고 소금으로 간을 한다. 여기에 베샤멜(Bechamel) 소스 1/3가량을 넣은 후 걸쭉한 상태로 둔다.
3. 소스를 만들기 위해 팬에 올리브 오일을 두르고 쇠고기를 익힌 다음, 다진 야채들을 넣어 갈색빛이 날 때까지 저어 가며 볶는다. 여기에 소량의 스톡을 부어 약한 불에서 30~40분간 익힌다. 고기를 제거한 후, 부드러운 소스로 만들기 위해 야채를 퓨레(Purée)한다. 필요하면 스톡을 더 부은 후 간을 맞춘다.

4. 부카티니는 전체 삶는 시간의 1/2만 삶은 후 물기를 제거한다. 부카티니를 손으로 꼬아 길쭉한 코일 모양으로 만든다.
5. 몰드에 버터를 바르고, 몰드 바닥부터 코일을 깔아 몰드 표면의 끝까지 말아 올린다. 이 과정은 시간이 많이 요구되는데, 매우 힘들지만 완성 후에 그 효과와 가치는 충분하다.
6. 몰드를 따라 부카티니를 쌓아 올린 후, 팔레트 나이프를 이용하여 표면에 쇠고기와 베샤멜 페이스트를 바른다. 다 바른 다음, 소 혀, 닭 가슴살, 햄, 송로 버섯을 몰드 안에 채워 넣고, 그 위에 베샤멜 소스 한 스푼과 부카티니 몇 가닥을 넣는다.
7. 몰드 표면으로 가득 찰 때까지 이 과정을 반복한다. 몰드 가장 위쪽은 야채 퓨레 반죽으로 덮어 준다. 버터 페이퍼로 덮은 후 뚜껑을 덮는다.
8. 몰드를 따뜻한 물이 든 이층 냄비에 넣어 스토브 상단에 놓은 후 약 50분간 익힌다. 마지막에 뚜껑과 버터 페이퍼를 벗겨 내고 데워 놓은 서빙 접시에 옮겨 담는다.
9. 파스타 몰드는 특이한 벌집 모양과 유사하다. 몰드를 제거한 아름다운 모양의 파스타 형태를 유지하기 위해 따뜻한 소스를 별도로 제공하도록 한다.

94. Zitoni all Impiedi

(Souffle with Standing - Up Pasta)

준비 재료

- 치토니(zitoni) 300g
- 모짜렐라 치즈 120g
- 햄 90g
- 버터 60g
- 파르메산 치즈 50g

수플레(soufflé) 믹스 재료

- 버터 80g
- 밀가루 60g
- 우유 300ml
- 계란(흰자와 노른자) 6개
- 파르메산 치즈 80g
- 에멘탈 치즈 80g
- 파슬리 약간
- 소금, 후추 약간

조리 방법

1. 직경 20cm, 높이 8cm 정도의 수플레 접시에 버터를 바른다.
2. 모짜렐라 치즈와 햄은 8cm 길이로 길쭉하게 썬다.
3. 와이드 튜브 파스타는 5분만 익혀 물기를 제거하되 삶은 물은 따로 보관한다. 파스타는 8cm 길이로 잘라 수플레 접시에 담는데, 세웠을 때 위에서 2cm가량 남도록 한다. 버터와 파르메산 치즈를 넣어 잘 섞는다.
4. 파스타를 수플레 접시에 담아 세우는 과정은 시간이 다소 요구된다. 접시 안쪽 가장자리를 빙 둘러 파스타 튜브를 세운다. 파스타 내부에는 햄과 모짜렐라 치즈를 넣을 수도 있다. 이 경우 파스타 튜브를 이용하여 한번 더 둘러 세운다. 가운데 공간이 직경 7~8cm 정도 남을 때까지 이 과정을 반복한다.

5. 버터, 밀가루, 우유를 이용하여 베샤멜(Bechamel) 소스를 만든 후, 소스가 식으면 휘저어 둔 계란 노른자와 치즈, 다진 파슬리를 넣고 후추로 양념을 한다.
6. 계란 흰자는 거품이 일 때까지 휘저은 다음 치즈 혼합물에 부어 섞는다.
7. 완성된 수플레 혼합물을 스푼을 이용해 파스타 속에 집어 넣어 튜브가 꽉 차도록 한다. 남은 수플레 혼합물은 접시 중앙 빈 공간에 부어 준다.
8. 파스타가 담긴 수플레 접시를 150℃의 오븐에 넣어 40~50분가량 구워 내는데, 중간에 절대 오븐을 열지 않도록 주의한다. 완성되면 즉시 제공한다.

95. Tagliolini al Salmone

(Tagliolini with Smoked Salmon)

준비 재료

- 탈리올리니(tagliolini) 300g
- 버터 40g
- 양파 1개
- 훈제 연어 120g
- 생크림 180ml
- 후추, 소금 약간

조리 방법

1. 팬에 버터를 녹인 후 곱게 다진 양파를 넣고 색깔이 변하지 않을 정도로 익힌다.
2. 여기에 다진 훈제 연어 1/2 분량을 넣어 약한 불에서 데운 후, 양파와 함께 블렌더에 넣어 부드러워질 때까지 갈아 소스를 준비한다.
3. 남은 훈제 연어는 주방용 가위를 이용하여 길쭉하게 자른다.
4. 파스타는 너무 익지 않도록 시간을 잘 조절해 삶는다. 익힌 파스타는 물기를 제거한 후 서빙볼에 옮겨 담아 생크림과 훈제 연어 소스를 부어 대충 섞는다. 소량의 후추를 뿌려 준다.
5. 미리 잘라 놓은 훈제 연어 살을 넣어 부드럽게 섞은 후 즉시 제공한다.

96. Spaghetti al Caviale

(Spaghetti with Caviare sauce)

준비 재료

- 스파게티(spaghetti) 300g
- 버터 50g
- 진한 생크림 180ml
- 후추 약간
- 캐비아 40g
- 훈제 연어 70g

조리 방법

1. 약한 불에 버터를 녹이고 생크림을 넣어 섞은 다음, 후추를 뿌려 양념한다. 3~4분간 뭉근히 끓인 후 한쪽에 둔다.
2. 파스타는 너무 익지 않도록 시간을 잘 조절해 삶아 낸다.
3. 파스타가 익는 동안 한쪽에 두었던 생크림 소스를 불 위에 얹어 캐비아와 길쭉하게 자른 훈제 연어를 넣고 잘 섞는다.
4. 삶은 파스타는 물기를 제거한 후 소스를 부어 섞고, 미리 데워 놓은 서빙 접시에 옮겨 담아 즉시 제공한다.

97. Green Tagliatelle with Truffle

(Tagliatelle col tartufo)

준비 재료

- 타그리아텔레(tagliatelle) 300g
- 버터 90g
- 파르메산 치즈 80g
- 화이트 와인 200ml
- 송로(truffle) 버섯 1개
- 소금, 후추 약간

조리 방법

1. 팬에 버터 80g을 녹인 후 치즈를 넣어 잘 섞는다. 여기에 화이트 와인을 붓고 소금과 후추로 양념을 한다.
2. 파스타는 너무 익지 않도록 주의하여 삶아 낸다. 물기를 제거한 후 데워 놓은 서빙 접시에 옮겨 담는다.
3. 파스타에 남아 있는 버터를 넣어 잘 섞은 다음 완성된 소스를 부어 다시 섞는다.
4. 얇게 썬 송로 버섯으로 파스타 윗부분을 덮어 즉시 제공한다. 이탈리아에서는 송로 버섯용 칼이 따로 있으나 없으면 날카로운 과도를 이용할 수도 있다.

98. Crespelle Alexander

(Crepes Alexander)

준비 재료

- 탈리올리니(tagliolini) 300g
- 우유 250g
- 계란 2개
- 밀가루 130g
- 시금치 100g
- 바질 잎 6개
- 훈제 연어 120g
- 버터, 연어알 약간

조리 방법

1. 우유, 계란, 밀가루, 시금치 등 반죽 재료들을 블렌더에 넣고 부드러워지도록 간다. 눌어붙지 않는 팬에 버터를 녹여 반죽으로 크레이프(Crepe) 6개를 만든다. 크레이프는 미리 만들어 두어야 식어서 다루기가 쉽다.
2. 파스타는 탈리올리니를 이용한다. 크림색의 탈리올리니는 초록색의 크레이프, 산호색의 소스와 선명한 대조를 이룬다.
3. 다진 훈제 연어를 넣어 약한 불에서 데운 후, 양파와 함께 블렌더에 넣어 부드러워질 때까지 갈아 소스를 준비한다.
4. 파스타를 삶아 낸 후 물기를 제거하고 소스의 1/2 분량만 부어 섞는다.
5. 크레이프 중앙에 파스타 1/6 분량을 놓은 후 둥글게 말아 접합 부분을 아래로 놓고, 한칸에 6개의 크레이프를 담기에 충분히 큰 오븐 접시를 준비해 버터를 바르고 위에 담는다.
6. 크레이프 위에 남은 소스를 부은 후, 180℃의 오븐에 넣어 10~15분간 구워 낸다. 산호색이 나는 연어 알을 준비해 제공하기 전 크레이프 위에 얹어 낸다.

99. Timballo del Gattopardo

(Timballo from 'The Leoard')

페이스트리 케이스

준비 재료

페이스트리 재료

- 밀가루 500g
- 소금 약간
- 시나몬(계피 가루) 7ml
- 설탕 100g
- 버터 150g

속 채우기 재료

- 짧은 파스타류 300g
- 닭(1.2kg) 1마리
- 쇠고기 300g
- 셀러리, 양파, 당근 각각 1개
- 계란 5개
- 파르메산 치즈 90g
- 올리브 오일 50ml
- 햄, 닭 간 각각 90g
- 껍질 얇은 피스 100g
- 송로(truffle) 버섯 1개

조리 방법

1. 페이스트리 반죽은 미리 만들어 적어도 1시간 정도 냉장 숙성을 시킨다. 단맛을 피하기 위해 설탕과 시나몬을 생략할 수 있다.
2. 닭고기, 쇠고기, 셀러리, 양파, 당근을 넣어 끓인 후, 닭고기를 제거하고 스톡을 걸러낸다.
3. 익힌 닭고기 살 200g, 계란 1개, 파르메산 치즈 50g을 블렌더에 넣어 간 후, 소금과 후추로 양념한다. 부드러운 혼합 반죽이 되면 체리 크기의 볼 모양으로 만든다. 완성된 미트볼을 올리브 오일에 넣어 색깔이 변할 때까지 프라이를 한다.
4. 남은 닭고기 살은 길쭉하게 썰고, 햄도 비슷한 길이로 썬다.
5. 닭 간은 소량의 물에 소금과 후추를 뿌려 몇 분간 뭉근히 익힌다. 다 익으면 작은 조

각으로 썬다. 피스도 익히고, 남은 계란은 완숙한다. 이상의 과정은 미리 준비되어 있어야 한다.

6. 페이스트리 반죽의 2/3 분량은 버터 바른 오븐 접시를 감쌀 만큼 충분히 큰 원 모양으로 만든다. 남은 반죽으로는 파이용 덮개를 만든다.
7. 걸러 둔 스톡 300ml를 데워 닭고기, 햄, 닭 간, 미트볼, 피스를 넣은 다음 불을 끈다. 가능하다면 슬라이스한 송로 버섯도 넣는다.
8. 파스타는 전체 시간의 1/2만 삶고 물기를 제거한다. 파스타의 1/2 분량에 고기 혼합물(7번)을 붓고, 나머지 파스타는 페이스트리 반죽 케이스 바깥쪽 가장자리를 따라 놓되 중앙 공간은 비워 둔다. 중앙에 소스를 붓고 파스타 뒤에도 스푼으로 소스를 발라 준다. 완숙된 계란들은 각각 8조각으로 나누어 파스타 위에 얹은 다음 남은 치즈를 위에 뿌려 덮는다.
9. 덮개용 페이스트리 반죽으로 감싸고, 가장자리는 소량의 우유로 잘 마무리 한다. 180℃의 중간 온도 오븐에서 30~40분가량 구워 낸다.

100. Timballo per la Domenica delle Palme

(Macaroni Pie for palm sunday)

준비 재료

페이스트리 재료

- 밀가루 500g
- 소금 약간
- 버터 250g
- 계란 2개
- 반죽용 물

속 채우기 재료

- 베르미첼리(vermicelli) 또는 스파게티(spaghetti) 300g
- 흰 생선 살(대구 등) 300g
- 블랙 올리브 90g
- 케이퍼 3ts
- 잣, 땅콩, 아몬드 40g
- 파슬리, 소금, 후추 약간
- 올리브 오일 200ml
- 빵가루 약간
- 껍질 얇은 피스 90g
- 토마토 소스 400ml
- 양송이 90g
- 홍합과 껍질 있는 조개류(대합) 500g
- 콘스타치(옥수수 전분) 1ts
- 마늘 2쪽
- 앤초비 필레 5개

조리 방법

1. 페이스트리 반죽을 만들어 적어도 1시간 가량 냉장 숙성해 둔다.
2. 오븐용 뚜껑이 달린 둥근 모양의 대형 접시에 버터를 바른다. 페이스트리 반죽의 2/3 분량은 접시 안쪽에 붙인다. 180℃의 오븐에 넣어 10분간 구워 낸다.
3. 남은 반죽으로 파이용 덮개를 만든다. 기름을 칠한 베이킹 트레이 위에 얹어 반죽 케이스와 같이 구워 낸 후, 케이스를 꺼내서 식힌다.
4. 블렌더에 흰 생선 살, 블랙 올리브, 케이퍼, 잣, 땅콩, 아몬드, 파슬리를 넣어 갈은 후 소금과 후추로 양념한다. 올리브 오일과 빵가루를 각각 2ts씩 넣는다. 혼합물에

수분이 너무 많은 것 같아 보이면 빵가루를 더 넣는다.

5. 이 혼합물을 호두 크기의 볼 모양으로 만든다. 볼 표면에 빵가루를 살짝 입혀 색이 변하기 시작할 때까지 소량의 올리브 오일에 넣어 프라이를 한다. 토마토 소스에 프라이한 생선볼과 피스를 넣어 약한 불에서 서서히 익힌다.
6. 양송이는 슬라이스하여 소량의 올리브 오일에 넣어 살짝 볶은 다음 토마토 소스에 넣는다.
7. 조개류는 소량의 물에 넣어 입이 벌어질 때까지 익힌다.
8. 찬물에 용해된 콘스타치(옥수수 전분)를 저어 가며 토마토 소스에 부어 걸쭉하게 만든다.
9. 다른 팬에 뜨거운 올리브 오일을 부은 후 다진 마늘을 넣어 익힌다. 색깔이 변할 때쯤 곱게 다진 앤초비와 다진 파슬리를 넣는다.
10. 파스타는 전체 삶는 시간의 1/2만 삶는다. 파스타의 물기를 제거하고 완성된 앤초비 소스를 부어 잘 섞는다.
11. 페이스트리 반죽 케이스에 파스타 층을 만들고 그 위에 토마토 소스 층을 얹는다. 이 과정을 한번 더 실시한 후 파스타 층으로 마무리한다. 미리 만들어 둔 반죽 덮개로 감싼 후, 180℃의 오븐에서 30~40분 정도 구워 낸다.

Pasta

부록

이탈리아 정통 요리 특급 호텔 메뉴 실례

ANTIPASTI FREDDI
Cold Appetizers

INSALATA DI FRUTTI DI MARE CON ASPARAGI ₩ 12,500
OLIO EXTRA VERGINE E SUCCO DI LIMONE
Market Fresh Seafood with Asparagus, Olive Oil and Lemon juice
아스파라거스를 곁들인 신선한 해산물 모듬

CARPACCIO DI VITELLA E MANZO CON RUCOLA ₩ 13,500
PARMIGIANO E SALSA AL TARTUFO NERO
Veal and Beef Carpaccio with Rocket Salad, Parmasan and Truffle
송로 버섯 드레싱의 얇게 저민 생 송아지 안심과 쇠고기 안심

INSALATE DI ASTICE E CAPESANTE ALLA SICILIANA ₩ 15,500
CON OLIVE E POMODORI
Lobster and Scallop Salad "Sicilan Style" with Tomatoes,
Black Olives, Celery and Virgin Olive Oil
바닷가재와 가리비 조갯살

TIMBALLO DI MELANZANE E POMODORI GRIGLIATI ₩ 11,000
SERVITO CON ASPARAGI E SALSA AL BASILICO
Timbale of Tomato Confit, Grilled Marinade Eggplant
and Asparagus with Basil Dressing
바질 드레싱과 토마토, 가지를 다져 만든 팀발

ANTIPASTO MISTO ALLTTALIANA CON ARRETTATI MISTI, PICCOLA CAPRESE, VERDURE GRIGLIATE E INSALATA "CESARE" ₩ 12,500

Antipasto Platter of Air-dried Beef, Parma Ham and Melon, Grilled Vegetables, Caprese and Caesar Salad

다양한 종류의 모듬 전채

INSALATA DI POMODORO E MOZZARELLA "CAPRESE" ₩ 9,000

Tomato and Mozzarella Salad Sprinkled with Fresh basil, and Extra Virgin OLIVE oil

토마토와 모짜렐라 치즈 샐러드

INSALATA CON VERDURE GRIGLIATE MARINATE ₩ 8,000

Salad of Crispy Garden Greens with Grilled Marinated Vegetables

구운 야채와 신선한 야채 모듬

INSALATA DI RUCOLA ALLA MEDITERRANEA ₩ 9,500

Rocket Salad with Sun-dried Tomatoes, Olives, Croutons and Parma Ham with your Choice of Dressing

햄, 올리브, 말린 토마토를 곁들인 루콜라 샐러드

* For additional Pasta Appetizer, please refer to last page

ANTIPASTI CALDI

Warm Appetizers

PETTO DI ANATRA SERVITO SU RISOTTO ALLE MELE VERDI CON SALSA ALL ACETO BALSAMICO — ₩ 11,000

Pan-fried Breast of Duckling with Duck Confit, Apple Risotto and Balsamic Sauce

발사믹 소스의 오리 가슴살

PEPERONE ARROSTITO RIPIENO DI FRUTTI DI MARE, ARAGOSTA E PATATE SERVITO CON ZUCCHINE ALLO ZAFFERANO E OLIVE GRECHE — ₩ 14,000

Baked Bell Peper Filled with Lobster, Mixed Seafood and potato Served with Zucchini Noodles, Kalamata Olives and Saffron Broth

바닷가재와 해산물로 속을 채운 사프란 소스의 피망

INVOLTINI DI POLENTA CON FUNGHI, LUMACHE E FORMAGGIO SERVITI CON VELLUTATA DI POMODORO — ₩ 10,500

Oven-baked polenta Filled with Mushrooms and Snails, Topped with Tomato Cream Sauce

토마토 크림 소스를 곁들인 폴렌타로 싼 달팽이 요리

CAPESANTE ASPARAGI RIPASSATE AL BRANDY E POMODORO FRESCO — ₩ 14,000

Pan-flied Scallops and Aspragus with a brandy White Wine Sauce

브랜디와 백포도주 소스를 곁들인 아스파라거스와 가리비

PASTICCIO DI VERDURE DI MERCATO A STRATI AL FORNO ₩ 10,000

PROFUMATO CON TIMO E PARMIGIANO

Layered Market Fresh Vegetable Flavored with Thyme and Parmasan

Served with a Warm Tomato Caper Dressing

토마토와 케이퍼 드레싱의 라자냐 모양의 모듬 야채

ZUPPE
SOUPS

BRODO DI PESCE E MOLLUSCHI ALLA MEDITERRANEA ₩ 8,500

Prawns, Clams, Squid, Octopus, Scallops and Mussels Simmered in a Spicy

Tomato Broth

얼큰한 맛의 해산물 수프

ZUPPA DI LENTICCHIE, BORLOTTI E CANNELLINI ₩ 7,500

CON CAPESANTE POSOLATE E PASTA

Lentil and Mixed Bean Soup with Pan-flied Scallops and Pasta Trianilgles

가리비를 곁들인 콩 수프

ZUPPA DI PORCINI CON PANCETTA CROCCANTE E POMODORO FRESCO ₩ 7,500

Porcini Mushroom Broth with Crispy Pancetta and Fresh Tomato

토마토와 햄을 넣은 담백한 맛의 버섯 수프

CONSOMME DI CODA DI BUE CON RAVIOLO RIPENO, TARTUFO E VEGETALI ₩ 7,500

Ox Tail Consomme with Ox Tail Ravioli, Truffle and Vegetables Pearls

라비올리를 곁들인 쇠꼬리 맑은 수프

CARNI E SELVAGGINA
Meat and Game

OSSOBUCCO DI VITELLO BRASATO ALLE ERBE CON PUREA DI PATATE, SPINACLE CAROTE ₩ 24,000

Traditional Ossobuco with Puree of Carrot, Spinach and Potatose

당근, 시금치, 감자를 곁들인 송아지 정강이 찜

FILETTO DI MANZO ALLA GRIGLIA CON FEGATO D'OCASERVITO SU RISOTTO D'ORZO AGLI ASP ASPARAGI E SALSA AL BAROLO ₩ 29,000

Gilled Beef Tenderloin with Goose Liver, Barley and Asparagus Risotto

Served with Crispy Zucchini and Barolo Sause

거위 간을 곁들인 적포도주 소스의 쇠고기 안심

COTOLETTE D'AGNELLO IN PADELLA CON POLENTA, SALSA AL BALSAMICO E NIDI VEGETALI ₩ 25,000

Pan-fried Lamb Cutlets with Fine Vegetable Noodles,

Sundried Tomatoes Polenta, and Balsamic Sauce

발사믹 소스의 양 갈비

BRASATO DI CINGHIALE ALLA LUCCHESE CON GNOCCHI DI SEMOLINA E FUNGHI SALTATI ₩ 23,500

Braised Wild Boar in Wine Vegetable Sauce

with Semolina Gnocchi and Sauteed Mushrooms

야채와 백포도주 소스의 멧돼지 요리

MEDAGLIONI VITELLA CON VERZA BRASATA AL PESTO PASSATA DI CECI S JUS DI VITELLA ₩ 26,000
Pan-fried Veal Medallions with Pesto Braised Cabbage,
Creamed Chick Peas and Veal Jus
치크 피스와 바질 향의 양배추를 곁들인 송아지 안심

COTOLETTE D'AGNELLO GRIGLIATE, MARINATE ALLE ERBE CON "CAPONATA", E PATATE NAPOLETANE ₩ 24,500
Grilled Garlic and Herb Marinated Lamb Cutlets
with Tomato Braised Vegetables and Napolitan Potatoes
마늘과 향초로 맛을 낸 양 갈비 구이

BISTECCA DI MANZO ALLA GRIGLIA CON SALSA AL VINO ROSSO, VERDURE FRESCHE E PATATE AL FORNO ₩ 25,500
Grilled U.S. Prime Rib with Red Wine Sauce and
A Selection of Fresh Vegetables and Potatoes
적포도주 소스의 최상급 쇠갈비 살 석쇠 구이

PESCI E CROSTACEI
Fish and Crustacean

INVOLTINO DI SPIGOLA CON ARAGOSTA E LATTUGA CON SALSA AL GAMBERI — ₩ 30,000

Lettuce Coated Sea Bass Stuffed with Lobster Served with a Prawn and Vegetable Sauce

바닷가재로 속을 채운 새우, 야채 소스의 농어 요리

DUO DI ROMBO E CAPESAN E POLENTA AI GAMBERI CON SALSA ALLE OLIVE, POMODORI SECCHI E BASILICO — ₩ 30,500

Pan-fried Halibut and Scallops on Shrimp Flavored Polenta with an Olive Sundried Tomato Sauce

말린 토마토와 올리브 소스를 곁들인 가리비와 광어 요리

SCALOPPE DI SALMONE FARCTTE CON RICOTTA E FINOCCHIELLA CON RAGU DI FRUTTI DI MARE ALLO ZAFFERANO — ₩ 24,500

Poached Salmon Fillet Filled with a Ricotta Dill Mousse Place on Pan-fried Zucchini with a Saffron Seafood Broth

사프란 향의 해산물을 곁들인 치즈와 향초로 속을 채운 연어 요리

MEDAGLIONI DI ASTICE AL BRANDY E PAPRIKA CON FETTUCINE VERD — ₩ 64,000

Whole Lobster with Green Fettuccine in a Brandy paprika Butter Sauce

브랜디, 파프리카 소스로 맛을 낸 시금치 국수와 바닷가재 요리

GAMBERONI IN PADELLA CON FUNGHI SELVATICI GRATINATI AL PARMIGIANO ₩ 31,500

Pan-fried Jumbo Prawns with Wild Mushroom Sauce Gratinated with Parmesan Cheese

버섯 소스의 왕새우 구이

GRIGLIATO MISTO DI ROMBO, SALMONE E CALAMARI CON "SALMORIGLIO" ₩ 24,500

A Combination of Halibut, Salmon and Calamari Chargrilled with a Chili Garlic and Olive Oil Dressing

마늘과 올리브유 드레싱의 해산물 모듬 구이

MEZZO ASTICE ALLA GRIGLIA ABBINATO CON LA VOSTRA SCELTA DI FILETTO DI MANZO O VTTELLA O COTOLETTA DI AGNELLO ₩ 52,000

Grilled Half Lobster with Your Choice of Beef or Veal Medallions or Grilled Lamb Cutlets Served with Citrus Butter Sauce

취향에 맞는 고기 선택과 바닷가재 구이

GAMBERI ALLA GRIGLIA CON BROCCOLI, SPINACIE PATATE CON SALSA AL LIMONE ₩ 25,500

Gilled Prawns with Sauteed Broccoli, Spinach and Potatoes Served with Warm Lemon Dressing

레몬 드레싱의 새우 구이

DOLCI E FORMAGGI
Desserts and Cheese

TIRAMISU ₩ 7,500

Traditional Italian Dessert of Mascarpone Cream
and Espresso Soaked Sponge Cake
이탈리아 정통 티라미수 케이크

TORTA DI COTTA AL MIELE E AMARETTO ₩ 7,000

Baked Ricotta Cheese Cake Flavored With Honey, Amaretto
and Chocolate Chips Served with Raspberry and Vanilla Sauces
산딸기와 바닐라 소스의 치즈 케이크

MOUSSE AL CAFFE F WHISKEY CON SALSA AL CAPPUCCINO ₩ 7,000

Whiskey Flavored Coffee Mousse with Italian Meringue and Cappuccino Sauce
위스키 향을 가미한 커피 무스 케이크

TORTA MORBIDA AL CIOCCOLATO CON GELATO ₩ 7,500
ALLA VANIGLIA E SALSA FRUTTI DI BOSCO

Soft Chocolate Cake Layered with Vanilla Ice Cream
Served with Berry Coulis
바닐라 아이스크림으로 속을 채운 초콜릿 케이크

TARTINA AL LIMONE E MANDORLE CON FRUTTA FRESCA ₩ 6,500

Lemon and Almond Tart Served with a Selection of Fresh Fruit
레몬과 아몬드 타르트

SCELTA DI FORMAGGI ITALIANI ₩ 7,000

A Selection of Italian Cheese with Fresh Pear

이탈리아산 치즈 모듬

ANTIPASTO MISTO ALLTTALIANA CON ARRETTATI MISTI, PICCOLA CAPRESE, VERDURE GRIGLIATE E INSALATA "CESARE" ₩ 12,500

Antipasto Platter of Air-dried Beef, Parma Ham and Melon, Grilled Vegetables, Caprese and Caesar Salad

다양한 종류의 모듬 전채

INSALATA DI POMODORO E MOZZARELLA"CAPRESE" ₩ 9,000

Tomato and Mozzarella Salad Sprinkled with Fresh basil, and Extra Virgin OLIVE oil

토마토와 모짜렐라 치즈 샐러드

INSALATA CON VERDURE GRIGLIATE MARINATE ₩ 8,000

Salad of Crispy Garden Greens with Grilled Marinated Vegetables

구운 야채와 신선한 야채 모듬

INSALATA DI RUCOLA ALLA MEDITERRANEA ₩ 9,500

Rocket Salad with Sun-dried Tomatoes, Olives, Croutons and Parma Ham with your Choice of Dressing

햄, 올리브, 말린 토마토를 곁들인 루콜라 샐러드

* For additional Pasta Appetizer, please refer to last page

DOLCI, FRUTTA E FORMAGGI
Desserts and Cheeses

TIRAMISU ₩ 6,500

Traditional Italian Dessert Made of Mascapone Cream

and Espresso Soaked Lady Finger Bisquit

이탈리아 전통 티라미수

CASSATA NAPOLETANA ₩ 6,000

Three Flaveours of Ice Cream Cake Served with Chocolate Sauce

초콜릿 소스를 곁들인 세 가지 아이스크림 케이크

MACEDONIA DI FRUTTA CIN GELATO ₩ 5,500

Fresh Fruit salad with your Choice of Ice Cream

신선한 과일 샐러드와 아이스크림

GELATO DELLA CASA ₩ 5,500

Please ask your waiter for Today's Selection of

Home-made Ice Cream

홈메이드 아이스크림

SCEALTA DO FORMAGGI ITALIANI ₩ 6,500

Italian Cheese Platter Served with Crackers

치즈 모듬

SCELTA DI DOLCI DAL CARRELLO ₩ 6,000

A Selection of Daily Desserts from Our Pastry Trolley

주방장 특선의 다양한 후식 트롤리

PIZZA O CALZONI

Traditionally prepared pizza's or calzoni selection from our special pine tree wood fired oven.

LE PIZZE CLASSICHE

The Classics Small Large

MARGHEITA, LA REGINA D'ITALIA ₩ 8,500 ₩ 11,500

The Qieen of Italy, Tomatoes, Mozzarella and Basil

with Olive Oil and Oregano

토마토, 바질, 모짜렐라 피자

PROSHUITTO E FUNGHI ₩ 9,000 ₩ 13,000

Mozzarella, Parma Ham, Mushrooms, Tomatoes, Basil and Oregano

파르마 햄, 버섯, 토마토, 모짜렐라 피자

NAPOLI ₩ 9,000 ₩ 13,000

Mozzarella, Tomatoes, Anchovies, Parmesan Cheese, Basil

Oregano and Olive Oil

토마토, 앤초비, 파르메산 치즈, 모짜렐라 피자

ARRIBBIATE ₩ 9,000 ₩ 13,000

Spicy salami, chili, Tomatoes, Oregano, Basil, Olive Oil and Mozzarella

살라미, 토마토, 칠리, 모짜렐라 피자

CAPROCOSA ₩ 9,500 ₩ 13,500

Traditional Italian Combination Pizza with Sundried Tomatoes, Mushrooms, Parma Ham, Artichoke, Seafood, Onion, Black Olives Mozzarella, Tomatoes, Basil and Oregano Topped with a Egg

이탈리아 정통 콤비네이션 피자

LE SPECIALI DELL'ESPRESSO
Espresso's Specialties

AI FORMAGGI ₩ 9,000 ₩ 13,000

Pizza with Selection of Cheese Flavoured with Oregano, Basil and Olive Oil

여러 종류의 치즈 피자

AI FRUTTI MARE ₩ 9,500 ₩ 13,500

Selection of Fresh Seafood, Tomatoes, Oregano and Mozzarella

신선한 해산물 피자

VEGETARIANA ₩ 9,000 ₩ 12,000

Zucchini, Bell Pepper, Eggplant, Spinach, Onion, Mozzarella and Mushrooms Baked with Tomatoes and Basil

저칼로리 야채 피자

PAESANA ₩ 9,000 ₩ 12,500

Sun-dried Tomatoes, Artichokes, Black Olives and Mozzarella

Flavoured with Garlic, Basil and Olive Oil

토마토, 아티초크, 블랙 올리브, 모짜렐라 피자

AL GRANCHIO ₩ 9,500 ₩ 13,500

Fresh Tomato, Crabmeat, Black Olives, Basil, Mozzarella

Flavoured with Oregano and Olive Oil

토마토, 게살, 블랙 올리브, 바질, 모짜렐라 피자

* 10% service charge and 10% V.A.T. will be added. Please no gratuitues.
(10% 봉사료와 10% 세금이 가산됩니다. 개별 팁은 사양합니다.)

LA PASTA DELL'ESPRESSO
The Espresso Noodle Selection

LASAGNA ALL'EMILIANA ₩ 12,000

Spinach Lasagna with Beef and Vegetable Filling,

Topped with Tomato Sauce and Mozzarella

라자냐 에밀리아나

PAGLIA E FIENOALLA BOLOGNESE O CARBONARA ₩ 11,000

Egg and Spinach Tagliatelle with Bolognese or Carbonara Sauce

미트 소스 또는 카르보나라 소스의 타그리아텔레

PENNE ALL'ARAGOSTA	₩ 13,500
Penne Noodle Tossed with Cream Lobster Sauce and Fresh Tomatoes	
토마토를 곁들인 바닷가재 크림 소스의 펜네	
SPAGHETTI O LINGUINE CON LA VOSTRA DI SALSA AI FRUTTI DI MARE CON POMODORO O VONGOLE BIANCHE	₩ 13,500
Spaghetti or Linguine with your choice of Fresh Seafood Served in Tomato Sauce or White Wine Clam Sauce	
해산물 토마토 소스 또는 조갯살 와인 소스의 스파게티 또는 링귀네	
RAVIOLI DELL'ESPRESSO	₩ 12,000
Beef and Vegetable ravioli in a Tomato Cream Sacue	
쇠고기와 야채로 속을 채운 라비올리	
CAMMELLONI DI MARE	₩ 13,000
Seafood Filled Cannelloni Baked in a Rich Cream Sauce with Mozzaella	
모짜렐라와 크림 소스의 해물 카넬로니	
SPAGHETTI AGLIO, OLIO E PEPERONCINO	₩ 10,000
Spaghetti with Garlic and Olive Oil, Flavored with Chili and Fresh parsley	
칠리, 마늘, 올리브 오일의 스파게티	
CREATE LA VOSTRA PASTE	₩ 13,500
Create Your Own Pasta	
고객이 선택하는 재료로 만드는 소스와 파스타	

이탈리아 요리의 조리 용어

PASTA	SAUCE	INGREDIENTS	
SPAGHETTI Spaghetti 스파게티	MARINARA Garlic, Tomato, Basil 바질, 토마토, 마늘 소스	OLIVE MERE Black Olives 블랙 올리브	CAPPERI Cappers 케이퍼
LINGUINE Linguine 링귀네	ARRABBIATA Garlic, Chili, Tomato, Parsley 토마토, 칠리, 파슬리, 마늘 소스	CARCIOFI Artichoke 아티초크	SPINACH Spinach 시금치
TAGLIATELLE Tagliatelle 타그리아텔레	CREAM E POMODORO Tomato, Cream 토마토, 크림 소스	PROSCIUTTO Ham 햄	FUNGHI Mushroom 버섯
PENNE Penne Noodle 펜네	PESTO Basil, Garlic, Pinenut, Parmesan 파르메산 치즈, 잣, 마늘, 바질 소스	POMODORI SECCHI Sundried Tomatoes 말린 토마토	BASILICO Basil 바질
CONCHIGLIE Shell Paste 콘길리에	IN BIANCO White Wine, Chicken Stock 치킨 스톡, 백포도주 소스	GAMBERI Prawns 새우	CIPOLLA Onion 양파
LUMACHE Snail Shape 루마케	CREME FROMAGE Double Cream, White Wine, Parsley, Parmesan, 파르메산 치즈, 백포도주, 파슬리, 진한 크림 소스	CAPSICUM Pepperoni 피망	MOZZARELLA Mozzarella 모짜렐라

에필로그

나는 1976년부터 서울 로얄호텔 근무를 시작으로 1978년 서울 롯데호텔 오픈 멤버로 참여하였고, 1984년부터 서울 신라호텔에서 근무를 하였다. 1988년 서울 라마다 르네상스호텔을 거쳐 1988년부터 1989년까지 호주 시드니 라마다 르네상스호텔에서 오픈 멤버로 활동을 하면서 많은 경험과 프렌치 레스토랑 주방장으로서의 커리어를 쌓았다. 그리고 호주 시드니 쉐라톤호텔, 홀리데인 인 호텔 등에서 근무를 하였으며, 전문 고급 레스토랑의 총 주방장 임무를 끝으로 호텔 현장에서 주방장 실무를 마쳤다.

1990년 3월부터 대구광역시에 위치한 대구산업정보대학 호텔조리과에 임용되어 최초로 조리학과를 개설, 학과장으로 근무했다. 또 1994년 3월 대구미래대학에서도 최초로 국제호텔쿠킹과를 개설하여 10여 년 동안 학과장, 산학협력처장으로 근무를 하였다. 그리고 2004년 3월부터는 1999년도에 개교한 광주광역시의 4년제 신설 대학인 남부대학교에서 최초로 호텔조리학과를 개설하였으며, 대학원 석·박사 과정도 처음 개설하여 열심히 학생 지도와 연구를 지속하고 있다.

현재는 지방 대학의 시대 환경이 많이 바뀌어서 학생 수급에 많은 어려움을 겪고 있는 것이 사실이다. 이 시대 환경의 한계를 뛰어 넘는 데 역량의 부족함을 느끼는 것도 솔직한 심정이다. 하지만 어려운 여건 속에서도 학부장, 학과장, 원장 등으로서 대학의 맡은 바 업무를 성실히 이행하면서 대학 발전에 나름대로 기여를 하고 있다.

지금까지 학생들의 학습 지도는 물론 호텔 경영과 요리 연구를 30년째 하고 있다. 또한 호텔 조리 현장의 실무를 바탕으로 글로벌 요리의 이론적 연구와 특급 호텔 요리의 연구를 지속적으로 하고 있다. 특히 캐나다 등 외국의 음식 문화, 음식 트렌드, 레스토랑 경영 등의 사례를 연구하기 위해 하계·동계 방학을 이용하여 연구 목적의 방문을 꾸준히 하고 있으며, 부족한 학문과 음식 현장에 대한 연구를 지속적으로 하고 있다.

한국산업인력공단 주관으로 1990년도부터 조리기능사 감독, 심사위원, 출제위원으로 활동하고 있으며, 지방기능경기대회 분과장 및 심사장으로 참여하고 있다. 또 전국기능경기대회 심사위원, 대전국제요리경연대회 심사위원, 광주김치축제 요리경진대회 심사위원으로도 참여하였다. 그 외에도 다양한 전국 및 지방 단위 전국요리대회 심사위원, 호텔 심사위원 등으로 참여하고 있다. 캐나다에서 세계요리대회 심사위원으로도 참여하였다.

아울러 호주 시드니, 대만, 중국, 방콕, 싱가포르, 말레이시아, 캐나다 등에서 현장 요리 연수, 요리 현장 투어 및 요리 연구를 수행하였다. 또 이를 바탕으로 다양한 요리책과 다수의 논문도 썼다.

요즘은 대학 학령 인구의 감소로 지방 대학이 학생 수급에 어려움을 겪고 있다. 대학들은 위기 탈출을 위하여 부단한 노력을 기울이고 있지만 기대 이상의 성과를 내기가 여간 어렵지가 않다.

21세기는 자기의 적성과 좋아하는 일을 향한 도전 못지 않게 평생 교육을 통한 전문성의 외연 확대가 절실한 시대이다. 전문직까지도 기계로 대체가 가능한 시대이고, 인간의 수명은 더 연장될 것이다. 미래의 초 연결 사회, 초 지능 사회, 초 실감 사회에 맞는 인재를 양성해야 한다는 사명감을 가지고 있다.

불확실한 미래에 지속 가능한 인재가 되기 위해서 필요한 요소는 자기 자신을 독보적 존재로 부각시켜 그 누구도 건드릴 수 없는 대체 불가능한 인물로 자기 브랜드를 구축하는 일이다.

또한 4차 산업 혁명 시대에는 인공 지능과 로봇의 등장으로 인간과 기계와의 요리 협업 능력이 더욱 강조될 것으로 보인다. 패러다임의 변화를 통찰하고 셰프 요리 리더의 필요성과 중요성을 인지해야 한다.

자신의 재능과 잠재력을 알아가는 것에서 시작하여 미래 설계를 위한 보다 분명한 인생 로드맵을 완성하는 인재가 되어야 할 것이다.

이 책은 이러한 과정에서 좋은 지침서가 될 것이다. 앞으로도 더 깊은 내공을 쌓고 부족함을 채우도록 노력할 것이다.

아프리카 속담에 '혼자 가면 빨리 갈 수 있지만, 함께 가면 오래 가고 또 멀리 갈 수 있다.'는 말이 있다. 우리들도 요리를 전공하는 학생들과 요리를 사랑하는 사람들과 함께 앞으로 30년을 오래, 더 멀리 갈 수 있도록 하는 데 마음과 지혜를 모아야 할 것이다.

나는 항상 부족함을 깨닫고 더욱 정진하며, 겸손한 마음 자세로 내공을 가다듬을 것이다. 앞으로도 선후배님들의 많은 지도 편달을 부탁드리며 이 책이 나오기까지 도움을 주신 모든 분들에게 진심으로 감사의 말을 전한다.

2018년 연구실에서

구담(拘譚) 박 정 준

REFERENCE

- Batali, Mario (1998). Simple Italian Food. Clarkson N Potter Publishers.
- Carla Capalbo (2001). Italian Cooking. Anness Publishing Co., Ltd.
- Cook (2002). Italian Classics. Boston Common Press.
- Fraser (2000). The Heart of Italian Cooking. Lorenz Books.
- Italian : Easy Cooking (2001). StarFile.
- Italian & Pasta (2002). The Foundry Co., Ltd.
- Joanna Lorenz (2010). Italian Cooking. Anness Publishing Co., Ltd.
- Kate Whiteman (2004). Italian Food & Cooking. Lorenz Books.
- Niglla Lawson (2001). Gastronomy of Italy. Chrysalis Books Group.
- Not Available (1985). Pasta and Pizza. KnappPr.
- Pasta (1982). Time-Life Books.
- Pasta (2009). Phaidon Press Co., Ltd.
- Pasta Italian (2000). Parragno Publishing.
- Rowe, Silvena (2011). Purple Citrus & Sweet Perfume. Ecco Press.
- Ursula Ferrigno (2003). Easy Italian. Quadrille Publishing Co., Ltd.

▶ 박 정 준

• 학 력

- 경원대학교 영문학과 영문 학사
- 경희대학교 경영대학원 호텔경영 전공 호텔경영학(조리) 석사
- 대구대학교 대학원 호텔관광경영 전공 호텔경영학(조리) 박사

• 현장 및 교직 경력

- 서울 로얄호텔 조리부 근무 (1976.11~1978.12)
- 서울 롯데호텔 조리부 근무 (1978.12~1983.8)
- 서울 신라호텔 조리부 근무 (1984.7~1988.3)
- 라마다 르네상스호텔 서울 조리부 프렌치 및 이탈리아 레스토랑 Section Chef 근무
  라마다 르네상스호텔 시드니 및 홀리데인 인 호텔 프렌치 Section Chef 근무
  호주 시드니 특급 호텔 및 전문 고급 레스토랑 Head Chef 근무
  (1988.4~1989.12)
- 대구산업정보대학 조리과 초대개설 학과장, 조교수 역임 (1990.3~1994.2/4년 근무)
- 대구미래대학 호텔조리과 초대개설 학과장, 산학처장, 부교수 역임 (1994.3~2004.2/10년 근무)
- 남부대학교 호텔관광학부 및 호텔조리학과, 대학원 초대 개설 학부과장, 인력개발원장,
  정년 보장 교수 (2004.3~2018.8 현재/15년 재직 중)
- 세계호텔조리학회 회장(현재)
- 스칼라십 젠(Scholarship Gen. Chief of Board) 세계학회 호텔앤컬리너리 편집장(현재)

• 일반 경력

- 동남아 지역 특급 호텔 조리 연수 – 대만, 싱가포르 특급 호텔 조리 연수 프로그램 실시
- 캐나다 밴쿠버 특급 호텔 및 고급 전문 레스토랑 조리 연수 (1998~2013)
- 호주 시드니 이스트 칼리지 – 요리, 메뉴 관리 및 알코올 관리 과정 자격증 취득 (2001)
- 대구 지역 수성관광호텔 프렌치 조리 자문(Executive Chef) 역임 (1991~1993)
- 대구 지역 뉴영남관광호텔 조리 자문 역임 (1994~1997)
- 대구 및 경북 지역 조리기능사 이론 및 실기 감독 역임 (1990~2003)
- 한국조리사협회 대구지부 조리 자문 위원 (1996~2003)
- 호텔 & 외식산업 및 관광개발 연구소 수석 컨설턴트 역임 (1999~2002)
- 광주광역시 조리기능사 이론 및 실기 감독위원 (2003~2009)
- 광주광역시 지방기능경기대회 요리 부문 분과장 및 심사장 (2005~2009)
- 전라남도 지방기능경기대회 요리 부문 분과장 및 심사장 (2010~2013)
- 대구광역시 전국기능경기대회 요리 부문 심사위원 (2012)
- 대전광역시 지방기능경기대회 요리 부문 심사장 (2016)
- 국제기능올림픽대회 한국위원회 공로 표창장 (2009)
- 대구 및 광주, 전남 지역 각종 전국요리대회 전문 심사위원 초빙 (2004~2018)

- 캐나다 전 지역 및 밴쿠버 세계요리대회 전문 심사위원 (2006~2018)
- 광주김치축제 요리경진대회 심사위원 (2015, 2016, 2017, 2018)
- 경상남도 지방기능경기대회 요리 부문 심사위원 (2018)
- 전국학회 및 세계학회 논문과 저서 다수

▶ 이 광 일

• 학 력

- 경희대학교 전통조리학과 조리전공 학사
- 청운대학교 호텔경영학과 호텔관광 학사
- 경희관광대학원 조리외식산업 외식산업 석사
- 순천대학원 영양학과 식품조리 박사

• 현장 및 교직 경력

- 포시즌(레스토랑) 근무
- 서울 로얄호텔 근무
- 서울 프라자호텔 계장 근무
- 서울 올림피아호텔 대리 근무
- 서울 르네상스호텔 과장 근무
- 서울 신라호텔 과장 근무
- 동우대학교 강사(서양조리실무)
- 마산대학교 교수(서양조리실무 및 한식)

• 일반 경력

- 경남기능경기위원회 도지사 표창장
- 서울세계관광음식박람회 해양수산부 장관상
- 서울세계관광음식박람회 문화체육관광부 장관상
- 세계음식문화연구원 보건복지부 장관상
- 한국식문화진흥협회 최우수 지도자상
- 한국조리기능인협회 최우수 지도자상
- 한국음식관광협회 대상
- 전주전국요리대회 통일부 장관상
- 존슨앤웰스대학교 조리 연수
- CIA 요리학교 조리 연수
- 코르동블루 요리학교 조리 연수
- 이탈리아 ICIF 요리학교 조리 연수
- 오스트리아 요리학교 조리 연수
- Kepzesben Reszt Vett 조리 연수

PASTA 이탈리아 정통 파스타 요리

초판 1쇄 인쇄 2018년 8월 6일
초판 1쇄 발행 2018년 8월 10일

지 은 이 | 박정준·이광일
펴 낸 이 | 김기섭
편 집 인 | 이윤희
펴 낸 곳 | 장지사 www.changjisa.com
08589 서울시 금천구 가산디지털 1로 83 파트너스타워 1차 9층
전화 (02)719-2211~3
팩스 (02)701-9386
등 록 | 1977년 4월 28일 · 제1-421호

ISBN 978-89-426-1125-6 (93590)

값 23,000원

이 도서의 국립중앙도서관 출판예정도서목록(CIP)은 서지정보유통지원시스템 홈페이지(http://seoji.nl.go.kr)와 국가자료공동목록시스템(http://www.nl.go.kr/kolisnet)에서 이용하실 수 있습니다.(CIP제어번호: CIP2018024179)